民國歷史與文化研究

初 編

第 **12** 冊

轉型時代知識分子的立國訴求
——張君勱社會主義思想研究(下)

王尤清 著

花木蘭文化出版社

國家圖書館出版品預行編目資料

轉型時代知識分子的立國訴求——張君勱社會主義思想研究
（下）／王尤清 著 — 初版 — 新北市：花木蘭文化出版社，
2015〔民 104〕
目 4+154 面：19×26 公分
（民國歷史與文化研究　初編：第 12 冊）
ISBN 978-986-404-148-0（精裝）
1. 張君勱　2. 學術思想　3. 社會主義
628.08　　　　　　　　　　　　　　　103027662

ISBN-978-986-404-148-0

9 789864 041480

民國歷史與文化研究
初　編　第十二冊　　　　　　ISBN：978-986-404-148-0

轉型時代知識分子的立國訴求
——張君勱社會主義思想研究（下）

作　　者　王尤清
總 編 輯　杜潔祥
副總編輯　楊嘉樂
編　　輯　許郁翎
出　　版　花木蘭文化出版社
社　　長　高小娟
聯絡地址　235 新北市中和區中安街七二號十三樓
　　　　　電話：02-2923-1455／傳眞：02-2923-1452
網　　址　http://www.huamulan.tw 信箱 hml810518@gmail.com
印　　刷　普羅文化出版廣告事業
初　　版　2015 年 3 月
定　　價　初編 32 冊（精裝）台幣 56,000 元

轉型時代知識分子的立國訴求

——張君勱社會主義思想研究（下）

王尤清　著

目

次

第三章　修正的民主政治：超越左右的制度思考

　　1930 年代，國民黨建立了比較穩固的統治，一邊是獨裁當局，另一邊是激進革命，留給自由主義者的空間已經相當狹小。堅守民主政治的胡適派學人群體也發生分裂〔註1〕，大部分人先後進入體制之內，胡適本人則致力於當政府的諍友。相反，以張君勱為代表的這一派自由主義者始終從改良政治的層面尋找出路，既不能失去民主政治的價值理念，又要具有可操作性，於是有超越左右的制度思考。加之受日本入侵以及國內政局演變的影響，張君勱吸收了德意志民族主義及黑格爾國家哲學，建構以國家民族本位為基礎的「立國之道」，在《我們所要說的話》、《國家民主政治與國家社會主義》、《民主獨裁以外之第三種政治》等綱領性文章中，提出「修正的民主政治」和「國家社會主義」。以「修正的民主政治」方案，回應「獨裁」思潮的挑戰，矯正民主政治之偏弊，尋求自由與權力達於平衡；以「國家社會主義」熔市場與計劃於一爐，取資本主義與社會主義之中道，對二者取長補短，力求使國家、社會和個人三者「相劑於平」。並於 1932 年組建中國國家社會黨，以國家民族之建設為宗旨，實踐不同於國共兩黨的制度思考。在 1938 年出版的《立國之道》一書中，張君勱進一步系統闡述其超越左右的制度審視。

〔註1〕在 1920 年代「科玄論戰」中形成主張一致的胡適派學人群體，此時分裂為「民主」與「獨裁」兩派。

第一節　修正民主政治提出的背景及原因探析

「修正的民主政治」是張君勱 1930 年代立國訴求的重要組成部分，也是學術界探討張君勱政治思想關注的熱點問題，﹝註 2﹞首先於《再生》雜誌創刊詞──《我們所要說的話》中提出，亦見代表性論著《立國之道》。在張君勱的言說系統中，還分別有「國家民主政治」、「集中心力的民主政治」，「民主獨裁之外的第三種政治」等不同表述，但內涵基本一致。﹝註 3﹞

一、「修正的民主政治」提出的國際國內背景

張君勱認同自由主義的價值理念，嚮往西方各國的民主政治。在 1930 年代之前，無論是早年尋求富強對國家整體的關注，還是後來追尋民主對個體生命的關懷，民主憲政始終是張君勱一以貫之的訴求，其間張君勱也曾注意到具體實施中瑕疵，但與專政相比，他還是認為民主的制度模式無可挑剔，其瑕疵也幾乎可以忽略，民主是中國政治秩序建構的唯一選擇。然而，進入 1930 年代，張君勱的思想發生了明顯的變化，民主政治的缺限不再是可以忽略的對象，而是要根據權力與自由平衡的原則對其進行「修正」。張君勱之所以要對民主政治進行修正，這與國際國內政治環境的變化有很大關係。

首先，世界經濟危機對西方民主政治造成很大衝擊，使張君勱重新審視傳統民主政治下的社會發展。1929 年爆發的經濟危機幾乎波及所有資本主義國家，在自由主義理念指導下，19 世紀「自由放任」的政策，即市場可以自由調節生產，政府行為不應該干涉經濟活動，曾使資本主義國家經濟發展取得了輝煌的成就。隨著世界範圍內經濟危機的蔓延，「自由放任」的資本制度成為明日黃花。生產過剩，人口失業，隨之而來的是巨大的動蕩和蕭條，似

﹝註 2﹞　參見陳先初：《評張君勱「修正的民主政治」主張》，《湖南師範大學社會科學學報》1999 年第 4 期；公茂虹：《張君勱三十年代政治思想略論》，《史學月刊》1993 年第 2 期；張振國、程坤哲：《「修正的民主政治」述論》，《南都學壇》第 24 卷第 3 期。閆潤魚：《民主、獨裁抑或「修正的民主政治」》，《中國人民大學學報》2002 年第 5 期。翁賀凱：《現代中國的自由民族主義：張君勱民族建國思想評傳》，北京：法律出版社，2009 年，第 90～114 頁；〔澳〕馮兆基：《尋求中國民主》，南京：江蘇人民出版社，2012 年，第 140～144 頁。

﹝註 3﹞　參見《國家民主政治與國家社會主義》，《再生》1932 年第 1 卷第 2 期；《民主獨裁以外之第三種政治》，《再生》1935 年第 3 卷第 2 期；《法治與獨裁》，《再生》1934 年第 2 卷第 10 期。在《立國之道》一書中，張君勱也有系統的闡述，參見《立國之道》，上海：商務印書館，1947 年。

乎馬克思關於剩餘價值和經濟危機的論述在一夜之間全得到驗證。正當資本主義世界深陷經濟危機的泥潭時，以「計劃經濟」相號召的蘇俄在經濟建設上卻初具規模，不僅沒有受到經濟危機潮流的波及，而且還提前完成「一五」計劃，蘇俄取得的成就不得不讓人對之刮目相看。相較而言，資本主義國家失業人數不斷增加，動輒多達數百萬，而蘇俄卻秩序井然，被譽爲「世界經濟恐慌中一個沒有失業的國家。」〔註4〕因此，蘇俄的「計劃經濟」政策，一時間被當成醫治資本主義經濟危機的一劑良藥。張君勱也認爲「計劃經濟」是蘇俄對世界最大的貢獻。與此同時，英美等傳統自由主義國家紛紛改變政府不干涉經濟的理念，開始從「統制」方面尋求經濟上的解決方案，「統制經濟」和集團主義的呼聲一時成爲世界新潮流。

　　面對經濟危機的衝擊，美英等國開始調整原有的經濟政策，讓政府力量不斷介入經濟領域。爲尋求政府力量的強化，政治體制上也放棄了民主政治的部分原則。尤其是羅斯福上臺後，美國以凱恩斯主義作爲經濟理論基礎，強化總統的權力，推行「新政」。以國家干預的手段制止金融風潮，通過工業復興法案，以「增加雇傭、提高工價，縮減工時與制訂公允競爭之業規」，開啓了經濟危機後的復興。而德意等國則全面轉向法西斯主義。張君勱反對任何形式的獨裁，但對英美等強化政府權力的做法表示理解，認爲在經濟危機風潮的影響下，「因爲經濟情形愈趨於失其自然，……爲了解決自身的困難起見，不得不要求有個強有力的政府」。〔註5〕歐美各國通過收縮自由和加強權力，以達成「政策一致」和「各黨意見一致」，那麼中國的政治發展又該何去何從呢？在《民主獨裁以外之第三種政治》中，張君勱說：「我們目擊英美德各國在一九二九年以降的情形，不能不深切覺悟到應在十九世紀議會政治以外，另外產生一種新式政治」，〔註6〕即「修正的民主政治」。

　　其次，國內政治演變也需要張君勱對其思想作出調整。國民黨通過北伐完成對全國形式上的統一，依照《國民政府建國大綱》的規定，意味著「軍政」結束和「訓政」開始。1928 年的 10 月 3 日，國民黨通過《訓政綱領》，正式宣佈實行「訓政」，「中國國民黨實施總理三民主義，依照建國大綱，在

〔註4〕全鼇：《世界經濟恐慌中一個役有失業的國家》，《國聞周報》1932 年第 9 卷第 6 期。
〔註5〕記者（張東蓀、張君勱、胡青石）：《我們所要說的話》，《再生》1932 年第 1 卷第 1 期。
〔註6〕張君勱：《民主獨裁以外之第三種政治》，《再生》1935 年第 3 卷第 2 期。

訓政時期訓練國民使用政權」。〔註7〕將「三民主義」樹立為意識形態，要求黨員以「三民主義」作為信仰，並把「三民主義」的基本原理上昇為治理國家的方略。教育法規中也明確要求在教育中必須貫徹「三民主義」的基本原則，在學校中普遍進行所謂的「黨化教育」。1929 年 4 月，南京國民政府發表保障人權命令：「世界各國人權均受法律之保障。當此訓政開始，法治基礎亟宜確立。凡在中華民國法權管轄之內，無論個人或團體規章不得以非法行為侵害他人身體、自由及財產。違者即依法嚴懲不貸。」〔註8〕在這道保障人權命令中，提到了身體、自由和財產三項，但這三項都沒有明確規定，命令所禁止的只是「個人或團體」而並不曾提及政府機關，並且沒有法理依據，因為確立法治基礎，應該制定憲法。國民黨上臺後一系列做法在自由主義知識分子中引起強烈的反彈。〔註9〕國民黨以黨代政的專政模式完成了制度的系統化和法制化，對自由主義知識分子而言，儘管國民政府並非理想的政府，但從穩定中國內亂頻仍的局面來看，仍獲得相對的認同。國民黨雖然獨裁專制，但其政綱規定最後依然要過渡到憲政，國民政府具有進行憲政改造的可能性。國民黨政權畢竟在形式完成了統一，接下來要做是建立秩序，點滴改良。「修正的民主政治」，即是改造現政府的一種方案。

第三，「修正的民主政治」的提出，與中國面臨日本入侵的局勢有很大關係。1931 年，張君勱結束了在德國一年多的講學，取道莫斯科回國。在張君勱抵達北平的第二天，日本發動了震驚中外的「九一八事變」，隨後，日本又出兵佔領東北。不僅如此，日本還在 1932 年發動進攻上海的「一二八事變」，中華民族面臨前所未有的危機。與此同時，形式上完成統一的國民政府內部暗潮洶湧，國民黨派系之爭此起彼伏，軍閥割據不聽中央號令，甚至武力相

〔註 7〕《訓政綱領》（1928 年 10 月 3 日），蔡鴻源主編：《民國法規集成》第 33 冊，合肥：黃山書社，1999 年，第 33 頁。

〔註 8〕 參見胡適：《人權與約法》，《新月》1929 年第 2 卷第 2 號。

〔註 9〕 胡適發表《人權與約法》，尖銳地批評國民黨「人治」之下「人權被剝奪幾乎沒有絲毫剩餘」，認為「人權的保障和法治的確定決不是一紙模糊命令所能辦到的。法治只是要政府官吏的一切行為都不得逾越法律規定的權限。法治只認得法律，不得認人。……現在中國的政治行為根本上從沒有法律規定的權限，人民的權利自由也從沒有法律規定的保障。」胡適還列舉一系列事實證明國民政府保障人權令公佈後，人權依然沒有保障，並向國民政府當局提出「快快制定約法以確定法治基礎」、「快快制定約法以保障人權」的要求。（參見胡適：《人權與約法》，《新月》1929 年第 2 卷第 2 號）此外，羅隆基、張東蓀、李璜等人也加入了對國民黨的批評陣營中。

向亦時有發生。在內憂外患的深重民族危機下，知識分子的國家意識開始轉變爲「國難」意識。世界政治經濟環境的劇烈變化和日本入侵的危機所迫，再加之國內政局的演變，使原本一致主張民主憲政的知識分子發生分裂，部分人轉而鼓吹開明的「專制」和「獨裁」，於是，在「胡適派學人群」中爆發了影響深遠的「民主與獨裁」論戰。部分知識分子主張獨裁多是出於強烈的民族主義的訴求，認爲民主政治是高深的，非經較長時期的準備不可；中國要想成功抵卸日本的入侵，破除內憂外患之局，建立強勢政府，實行獨裁政治最爲快捷有效。因此，以丁文江、蔣廷黻爲代表的獨裁論者雖然嚮往英美的民主政治，但就中國所面臨的國際國內環境而言，卻認爲以「獨裁」的方式實現國家獨立自主最切合實際。〔註 10〕以此相反，以胡適、張佛泉、陳之邁等人爲代表的「民主派」認爲民主政治是幼稚的，不必將民主看得高深莫測，無須長期準備就可以隨時隨地實行。〔註 11〕無論是獨裁論者還是民主論者，「並沒有推翻現統治重建一個政府的企圖，分歧只是在承認現政權合法性的前提下，國民黨應該或只能按哪種模式去改良，才能發揮政府的高效能」。〔註 12〕張君勱雖然未曾直接參與到「民主與獨裁」的論戰中，但論戰雙方討論的問題卻促使張君勱進一步思考國家的前途，他在《民主獨裁以外之第三種政治》一文中表示，「這種討論，一方面是表現我們思想界對於世界思潮的反應，他方面是表現在這國難期中，國體尚未確立，大家想從這個討論中，找到一條路子」。他強調，在國家處於分裂狀態下，統一問題至關重要，但更重要的是要找到「一種既可以統一，又可以適於國情的政治方式」。〔註 13〕相

〔註 10〕 「獨裁派」主將丁文江希望有一個強力的新式獨裁者出現，但這個獨裁者應該具備如下素質：「一、獨裁的首領完全以國家的利害爲利害。二、獨裁的首領要徹底瞭解現代化國家的性質。三、獨裁的首領要能夠利用全國的專門人才。四、獨裁的首領要利用目前困難問題來號召全國有參與政治資格的人的情緒與理智，使她們站在一個旗幟之下。」參見丁文江：《民主政治與獨裁政治》，《獨立評論》1934 年第 133 號。

〔註 11〕 胡適認爲，「在中國推行民主體制要比推行獨裁體制更容易」，「民主憲政只是一種幼稚的政治制度，最適宜於訓練一個缺乏政治經驗的民族。」在胡適看來，「獨裁」是專家治國，需要高超的技術支持，國人素質還很不夠，不足以支撐「獨裁」；所以只能選擇「庸人治國」的民主政治。參見胡適：《建國與專制》，1933 年第 81 號；《再論建國與專制》，《獨立評論》1933 年第 82 號。

〔註 12〕 閆潤魚：《民主、獨裁抑或「修正的民主政治」》，《中國人民大學學報》2002 年第 5 期。

〔註 13〕 張君勱：《民主獨裁以外之第三種政治》，《再生》1935 年第 3 卷第 2 期。

對而言，胡適雖然堅持以民主反對專政，但對於國家權力問題和制度運作則始終未予正視。

從應付經濟危機的形勢出發，張君勱對英美等國強化政府權力的變化表示理解，但他並不同意轉向獨裁，而是在民主和獨裁之外尋求「第三種政治」以解決中國問題。認為「繼今而後，非有徹底改造之理論與方針，足以使全國同胞一致努力者，不能應付此國難而圖中華民族之復興。」〔註14〕內憂外患的現實和嚴重的民族危機無疑需要一個強有力的政府，給政府以權力但又要防止個人專權和政府濫用權力，那麼，究竟如何制衡政府的權力？如何保證權力與自由的合理關係？以及採取什麼樣的政府形式？「修正的民主政治」即是對這一系列問題的學理回應。

二、修正民主政治思想脈絡的演進

過去學界討論張君勱「修正的民主政治」思想時著重關注 30 年代特殊歷史環境的影響，其實對民主政治修正的想法始終貫穿著張君勱政治思想的演進，從他早年的譯介和援引都可以看到對民主政治修正的痕跡。思想理念的提出不僅受到特定歷史環境的影響，而且還需要時間的思考和積累，「修正的民主政治」命題的提出雖是在 1930 年代，然就其發展脈絡來看，則可以追溯到早年留學日本時期。

留學日本介紹西方民主政治理論時，張君勱就已認識到民主政治的價值理念固然珍貴，但它並非包治百病的靈藥，也並非完美無缺。「民主政體，雖在最完備者，猶不免動搖不定無遠大之見之誚。……民主政治者，固以大公為主義者也，而乃不免於階級之偏私」。在《約翰穆勒議院政治論》一文中，張君勱不但展現了民主政治的正面價值，而且也介紹了民主政治的缺陷，在代議政體下，「行政部之行動，常為議會所掣肘，故有運轉不靈之困；代議政治，操主權者民，故於三力（民智、民德、民力——引者注），不如專制政府，能使為充分之發達。」從制度的實際運作和西方各國的經驗來看，代議制民主也存在不少弊端。〔註15〕為了避免國人對民主政治造成負面影響和給反對

〔註14〕張君勱：《國家民主政治與國家社會主義》（上），《再生》1932 年第 1 卷第 2 期。

〔註15〕代議制民主的弊端有：「第一：國民不可不負擔維持上下兩院之經費；第二：國民不可不負擔當選舉與關於選舉一切之費用。第三：以候補者之數，常數倍於應選出之議員，故此等候補者，不可不投巨大之費，以從事於競爭。第

者以口實，從常理看，應該是盡量彰顯民主政治的優點，迴護其不足之處。而張君勱卻沒有迴避代議制民主的缺陷，而是將其優缺點同時呈現出來。他選擇摘譯而不是全譯的方式譯介密爾的《代議制政府》，去取之間，所暗含的邏輯理念是：所選擇部分是中國最爲需要的內容，並通過編譯的方式捨去他認爲不適合中國的部分。由此可以看出，他編譯《約翰穆勒議院政治論》一定程度上已經有對民主政治進行修正的思考。

　　「修正的民主政治」要達到的目的之一，就是要使政府「統一敏活」，而這一理念，在 1907 年發表的《國會與政黨》一中就已提出過。張君勱指出，「凡所以達國家之目的者千端萬緒而不出二者：一在國家機關；二在國民。」中國要富強，要平等立於世界民族之林，必先從政府著手，「改造今日之政府爲統一敏活之政府，以內整齊全國行政，外抗列國之競爭；改造今日之國民爲獨立自治之國民，以內充實國家之分子，外使馳驅於世界，換言之，則首求國家機關之統一，次求國民能力之發達。」〔註 16〕

　　民主政治是西方經過數千年的歷史文化薰陶沉澱的結果，中國以儒學爲導向的文明體系和西方以基督教爲核心的文明體系有著質的不同，故民主要在中國開花結果，還必須結合中國的實際情況進行調適，因此，張君勱在民國初年擬就的《省制草案》中提出折衷調和的理念。在《省制草案》中，他將行省同時兼國家行政區域和地方行政區域，作爲國家行政區域，「按照中央法令，處理省內之委任行政，及類於委任之行政」；作爲地方行政區域，「按照本制（《省制草案》──引者注）處理省內之固有行政及類於固有之行政」。省既不同於聯邦，又不同於單純之自治體。從西方各國經驗看，在小單一國中，除國家行政之外則爲地方自治團；而復合國則在國家行政和地方自治團之間設立一級行政機構，如美之各州，加之各省，奧之各洲，其權限和地位都規定於憲法之中。而張君勱認爲，在中國，省的地位已規定於臨時約法中，「行省之行政組織及其立法權限，以一種之單行行政法表示之，無非使於修

四：選舉之際，舉官民狂奔於選舉，以此不可不消費幾多貴重之時間。第五：當議會開會之時，上自國務大臣，以及有力之官吏，下至全國出類拔萃之數百議員，不可不空費幾多貴重之時間，與敏活之腦髓，以從事於此不生產之事業。第六：國務大臣，被制於議會之操縱與其向背，每不能立遠大與機敏之外交政策，即公平之內治，亦有難行。第七：議員之中有受賄，或爲人所買者，每觸憲法政治之忌，而人民不可不受議會之害」。參見張君勱：《約翰穆勒議院政治論》，《新民叢報》1906 年第 4 年第 18 號。

〔註 16〕張嘉森（張君勱）：《國會與政黨》，《政論》（上海）1907 年第 1 卷第 2 期。

改便於伸縮，深言之即便於統一也」。無論是單一制還是複合制都不適合中國，中國需要做的是參酌二者精神，使省的「地位得之憲法，其權限得之行政法」。從《省制草案》中可以看出，關於中央與地方的權限以及省的權利等問題，張君勱借鑒了西方大國經驗，但並未完全照搬既有模式，而是結合中國的現狀和需要折衷調和。〔註17〕折衷調和就意味著要在一定程度上對西方民主政治作出某些調整和改變，儘管這種改變還不是嚴格意義上的「修正」，因為「修正」需要有一套系統成熟的思想參照。不過卻不能否認，張君勱根據中國實際需要所做的變通為後來修正民主政治的提出奠定了思想基礎。

　　民國成立之初，不少知識分子以為設議院、開國會、實行三權分立，民主政治就能在中國實現，張君勱也不例外，不但一度參與到體制之內，而且還擬定《省制草案》。當總統成了皇帝，憲法成為一紙空文，議會成為獨裁者任意玩弄的工具。知識精英才意識到，民主的大廈只有建立在自由、平等的基礎上，才能穩步發展，民主政治的大樹必須紮根於每一個公民的心中，自由、平等、人權等民主價值才能得到實現。要培養民主政治的基礎，在開國會和制憲法受到多次打擊後，地方自治成為知識分子探索中國出路的方向，於是在 1920 年代初，掀起聯省自治的風潮。張君勱也贊同從地方自治入手建立民主政治，因為：「第一、地方之地盤較小，調查人口易，故選舉單位，亦易於正確；第二、地方事業，以教育、路政、衛生為重，故利害得失，可以示諸掌上，而決非中央政令之涉及外交國防之無形之業可比；第三、範圍有限，故黨派競爭不如中央之甚。」針對當時廣州所謂的自治，張君勱指出，廣州市制名義上是自治，而市長由省長委任，局長則由市長薦任，這是純粹的官治而非自治。自治必以民選為前提，民選是自治的根本精神，不容絲毫讓步。儘管地方自治在英德美等國都有比較成熟的經驗，張君勱則認為美國委員會制「絕對不適於中國」，因為「行政集中，並立法機關而不設，必至陷於專制」；中國公民政治常識缺乏，以至於公民監督等於無監督；此外，各市人口不像西方各國那樣集中，選舉不易。因此，委員會制不適合中國，而英德議會制，也不能純粹仿傚，張君勱認為應根據中國實際情況「以三國之制而折衷之」，並提出一個結合英德美三國市制經驗的修正綱領：「第一、每市設市長為獨任制，不採委員會之會議制；第二、各市設市議會，但各市公民之有智識而通曉市政者少，則議員之額，以少為宜；第三、市長由市議會選

〔註17〕張君勱：《省制草案》，《新中華》1916 年第 6 期。

舉，而省長任命之。市長不必限於市議會議員或本市之人；第四、各局長以具有專門智識者為合格。如市議員中，有此項人才，則以市議員兼之；如無此項人才，則以非議員之專門家任之。以議員而兼專門家任局長，所以保行政立法之聯絡，是採英制之長；以非議員之專門家任局長，所以使一切規劃，合於科學之原理，是採德制之長；第五、市民中對於市長舉動，或議員舉動，不以為然者，得有選舉權，市民千人以上反對時，可撤回之；第六、市長之任期，限以若干年，除舞弊犯法外，不令退職，議員任期二年；第七、市長應對於市議會，有直接關係，不可如十年北方政府公佈之市自治制，於市長市自治會（即市議會）之間，更間以市參事會。」〔註18〕

地方自治運動很快被武力統一的革命風暴所淹沒，國民黨通過武力北伐建立起南京國民政府，但國民黨的武力整合併沒有改變民主政治在中國的處境，因此胡適等人發起人權運動，批評國民黨政權缺乏對人權的保障。而張君勱關注的焦點則在於國民黨「以黨治國」的理論基礎是否能夠成立？國民黨是否有資格實行「訓政」？張君勱先是對被神化了的孫中山學說——三民主義提出毫無掩飾地批評，「所謂三民主義之中，就其原則分解之，有歐美自由黨之黨綱在焉，有社會改良派之黨綱在焉，有土地改良派之黨綱在焉，本此黨綱，原可各成派，徒以國民黨為中山所手創，人人欲共載此三字徽號，以自居於正統」。國民黨內，人人都號稱為三民主義之信徒，而對三民主義認識卻各不相容，解釋各異，令人如墮五里霧中，「局外人不知何者為真三民主義，何者為假三民主義，……此黨內主義之不一，而訓政安從說起耶」。訓政條文雖口口聲聲不離政治，而人民卻無緣參與政治，「無選舉權無組閣權之國民，不知在訓政之日，所得而學習進益者為何事也，更不知國民處一黨專政之下，並言論結社之自由而無之，其所得而學習長進者又為何事也」。〔註19〕訓政之說不能成立，今後救國之道惟有一途，即民主政治。張君勱要求國民黨停止黨部獨佔的活動和廢止訓政，同時保障人民言論自由，結社集會自由；並「速議地方制，施行地方自治」，「速議國憲，實行政黨政治」。〔註20〕

在孫中山所擬定的建國大綱中，明確規定了其革命程序之三個時期，即

〔註18〕　參見張君勱：《英德美三國市制及廣州市制上之觀察》，《地方自由》（蘇社特刊）1922 年第 2 期。

〔註19〕　立齋（張君勱）：《闢訓政說》，《新路》1928 年第 1 卷第 7 號。

〔註20〕　立齋（張君勱）：《一黨專政與吾國》，《新路》1928 年第 1 卷第 2 號。

軍政、訓政和憲政。軍政時期的任務是,「政府一面用兵力以掃除國內之障礙,一面宣傳主義以開化全國之人心,而促進國家之統一。」「訓政」時期,國民黨代替人民行使中央統治權,並訓練人民參與政治的能力,待民眾的訓練初步成功後,「全國有半數省份達至憲政開始時期,即全省之地方自治完全成立時期,則開國民大會,決定憲法而頒佈之。」〔註 21〕張君勱則認為,國民黨「不經他黨之辯駁,不經兩黨在選舉場上之角逐,不經兩黨在地方與中央之實際試驗,其所謂知識者非真知識,其所謂能力者非真能力」,以國民黨獨佔全國之政,並居於訓政地位,於情不順,於理不通。因為「所謂訓者,一方有能訓者,他方有所訓者,⋯⋯則一方誨之,而一方聽之而已」,而同時代同地位之國民,一旦加入國民黨就能成為訓政者,國民則變為被訓者,不過是專制的藉口罷了。何況國民黨內派系林立,黨魁之不守法,國民黨治下各省財政紊亂,可見其行政無能,此外號稱以黨領軍,軍人卻無服從之習慣,以此訓政,張君勱認為建國只是一話空話。「學游水者必自入水池,學打球者必自上打球場,與其空言教人選舉,不如使人民直接行使選舉權,與其空言議會之議事,不如令人民直接參加議會,積以歲月,人民之政治能力自養成矣。此可以知訓政之無用,而民治之應及早開始。」〔註 22〕

　　國民黨的訓政說不合於民主政治的原則,孫中山的三民主義也與民主政治相去甚遠,西方民主政治也有一定的弊端,那麼,中國的出路只能是「修正的民主政治」。雖然張君勱一直重視民主政治,但民主政治要達到的意圖卻不同。辛亥革命前後援引民主政治作為中國現代化的途徑,主要考量是希望通過民主政治的原則來整合支離破碎的國家,追求的是國家的富強。而 1920年代前後,張君勱接觸到社會主義,加上對歐洲各國的深入考察,意識到資本主義的弊端後,開始將重心轉移到關注社會公道上。加之在蘇俄的影響下,國共兩黨成立,並致力於發動底層革命,以武力實現對國家的統一和整合。通過對大革命的觀察以及對社會主義的思考,張君勱明確反對暴力革命,主張將民主政治與社會主義結合起來,採用和平改良的方式改造中國,並對國民黨奉為理論基礎的三民主義提出猛烈的批判。由以上論述可以看出「修正的民主政治」在張君勱思想演進的內在理路是:先是重視國家的統一,到 1920

〔註21〕孫中山:《建國大綱》(1924 年 4 月 23 日),《孫中山選集》,北京:人民出版社,1956 年,第 571 頁。
〔註22〕立齋(張君勱):《一黨專政與吾國》,《新路》1928 年第 1 卷第 2 號。

年代重視社會的公道，1930 年代則關注政府的效率、權力與自由的平衡，即力圖實現國家統一、個人自由、社會公道。修正民主政治的理念如同草灰蛇線，始終隱伏於張君勱尋求改造中國的政治主張中，直至 1930 年代明確提出。

三、「修正的民主政治」理念

　　「修正的民主政治」是張君勱 1930 年代立國思考的重要命題，他在批評國民黨一黨獨裁的同時，繼續發掘西方民主政治的優點，張君勱指出，民主政治具有十大優點：（1）人民基本權利受憲法保障，能自由發表意見，而無被壓迫的痛苦；（2）大政方針或預算取決於民眾，政府不易妄為；（3）人民可以依法彈劾政府之不法舉動；（4）政府之行動、法律之變更皆須依照憲法，惟其如此，人民今日享有之權利與保障不至於在明天被剝奪或變更；（5）人民有思想信仰自由，得以努力於新學說新理想新發明；（6）各黨各派無論其屬於何階級，皆可發表對國家大政之意見；（7）地方自治，無不行地方自治的國家；（8）民主政治以和平解決為基礎，極不得以情況下才用武力；（9）民主政治富有伸縮性，平時議會監督權較強、政府受較多限制，戰時政府可全權執行，可修改或解釋憲法，變更不適宜的制度；（10）民主政治靠憲法和其他制度維繫一切，不至於有人亡政息的情況。〔註 23〕儘管民主政治有上述優點，但其弊端也不容忽視。在張君勱看來，民主制度下「大多數人無知識，對於政治向來漠不關心」；「選舉為各黨各派所操縱，或以金錢或以辭令來玩弄多數人民」；「立法都是保護有錢階級的利益」；「政治家不肯拿出良心來做真正利國福民的實事，而常常顧及輿論或俯順民情，以圖保全祿位」，「有築室道謀三年不成的弊病」。〔註 24〕更不要說，間接民主制的核心運作機制——輪番為治的議會制與政黨制——為獨裁大開方便之門，並且政黨的政治競爭與輪番為治使民意的傳達變得極為困難，因為「民意機關往往為黨派所冒名頂替，以致所代表的不是人民的公意，卻是黨派的意思，這是在任何民主國家所最容易犯的現象。」〔註 25〕鑒於議會民主制的缺陷，張君勱主張結合中國政治演進形勢需要，對民主政治進行必要的調適和修正。

　　憲政是民主的前提之一，但並不意味著有了憲法就一定民主，因為不是

〔註 23〕　參見張君勱：《立國之道》，上海：商務印書館，1947 年，第 103～104 頁。
〔註 24〕　張君勱：《立國之道》，上海：商務印書館，1947 年，第 101 頁。
〔註 25〕　記者（張君勱等）：《我們所要說的話》，《再生》1932 年第 1 卷第 1 期。

所有以憲法名義頒佈的條款都是眞正的憲法。依據是否對政治權力實行限制和制約的思想，政治學者薩托利將憲法大致分爲三種：一是保護性憲法；二是名義性憲法；三是裝飾性憲法。只有按照「保護性的憲法」進行的統治才能稱爲憲政。〔註26〕張君勱所要求的憲法，無疑是具有「保護性的憲法」之性質；過去採用歐洲憲法政治、議會政治制度，僅僅模仿了一個外表，「名爲憲法，實則成爲舞文弄法的工具。名爲政黨，實際上是三五成群、唯私利是圖的朋黨。內閣閣員之同意，總統之選舉，都出自賄賂。在上的既無守法的領袖，下又無可以夠得上監督議員的多數民眾，所以民國以來的憲法政治之失敗。」面臨日本入侵，大敵當前，在「徹底改造社會」的需求下。張君勱對民主政治產生了新認識，即「非全國一致團結，則民族生存無法維持；非政府安定強固，軍政與民政無法進行；非發動全國之民眾，使其參加前方與後方的管教養衛等事，則國家建設大業無法完成」，此三點「即是立國之大道」。〔註27〕也正是張君勱「修正」民主政治的基本精神。根據這一精神，張君勱提出「修正的民主政治」的11條原則，即：

一、國家之特徵，在乎統一的政府，應以舉國一致之精神組織之。

（軍閥割據局面一日不打破，則純一的民治政府決無成立之望，此點尤應首先解決。）

二、國民代表會議，由全體公民每若干萬選出代表一名組織之。凡黨綱公開、行動公開、不受他國指揮之政黨，一律參與選舉。

三、中央行政院由國民代表會議選舉行政員若干名組織之，各黨領袖一律被選，一律成爲舉國一致之政府。

四、第一次國民代表會議，議決五年以內之行政大綱，此大綱與憲法有同等效力，非行政院所能變更。

五、國民代表會議之主要職權，在乎監督預算，議訂法律，不得行使西歐國中之所謂信任投票制，以更疊內閣。預算爲確立財政計劃與其數字之方法，其通過與否，不生政府責任問題。

六、國民代表會議，關於行政大綱之執行，得授政府以便宜行事之權。

〔註26〕 Giovanni Sartori, Constitutionalism: A Preliminary Discussion, *American Political Science Review*, Vol. 56, Dec. 1962, pp. 853～864.

〔註27〕 張君勱：《立國之道》，上海：商印書館，1947年，第82、85頁。

七、行政院各部長，除因財政上舞弊情形或明顯違背法律外，不宜輕易令其去職。

八、行政大綱中每過一年或告一段落之際，由國民代表會議，或其他公民團體聯合推舉人員，檢查其實施事項與所宣佈者是否相符，若言行相去太遠，得經國民代表會議議決後令其去職。

九、文官超然於黨派之外，常任次長以下之官吏，不因部長之辭職而更動。

十、國民代表會議之議員，宜規定其中之若干成，須具有農工商技術或科學家之資格。

十一、關於行政及經濟計劃，除國民代表會議議定大綱外，其詳細計劃由專家議定。〔註28〕

張君勱強調，在修正的民主政治中，「民主政治的好處在我們制度之中照舊保存，我們既不是完全贊同十九世紀式之議會政治，但也不是拋棄民主政治，我們雖反對獨裁，但並不對於獨裁長處全不認識」〔註29〕。「修正」主要集中在加強政府的權力方面，要求政府「舉國一致，注重力行，權力集中」。〔註30〕修正的前提是民主政治的原則不動搖，「名為『修正的』，而其實只是去其偏枯，救其過甚。」〔註31〕「修正」後的民主政治，以國家之利害置於第一位，各黨之利害次之，可一掃政黨間爭權奪利與空言多而實行少之流弊。此外，「擡高行政權之重要性，而以國民代表會議之立法輔助之。行政之事，部長與文官共同負效率上之責任，由此，行政處於安定之地位，不致因黨派意見而紛亂」。〔註32〕

當然，無論如何調整和修正，民主都有其質的規定性：「（一）統治權屬於全團體的分子；（二）各分子之意思表示靠投票；（三）投票不能求全體人民之一致，只可以多數取決。」因此，必須做到：「（一）各個人皆有其意志，須得讓他自由表示出來；（二）要意思有所表示，須與以選舉權；（三）既有

〔註28〕 張君勱：《立國之道》，上海：商印書館，1947年，第152～154頁。
〔註29〕 張君勱：《民主獨裁以外之第三種政治》，《再生》1935年第3卷第2期。
〔註30〕 張君勱：《國家民主政治與國家社會主義》；《民主獨裁以外之第三種政治》，《再生》1935年第3卷第2期。
〔註31〕 記者（張君勱等）：《我們所要說的話》，《再生》1932年第1卷第1期。
〔註32〕 張君勱：《立國之道》，上海：商印書館，1947年，第159頁。

選舉，……以英之代議政治爲民意問題解決之辦法。」〔註33〕「統治權屬於全團體的分子」體現出主權在民思想，主權在君還是在民？始終是縈繞西方近代政治思想家的一個重大問題，從斯賓諾莎到洛克，主權已逐漸轉移到人民這一邊。盧梭更是全面確立了主權在民的理論，並成爲西方民主理論的核心之一。在盧梭的政治理念中，民主國家的主權必須以公意爲指導，「治理社會就應該完全根據這種共同的利益」，才符合「國家創制的目的」。〔註34〕民主政治的基礎在於民約論與天賦權利說，即統治必須得到被統治者的同意，以同意的最好體現方式就是民眾的政治參與，從英國民主實行的經驗來看，「參與，一是批評或反對的權利，集中體現在言論、集會與結社自由上；一是選舉權」。〔註35〕個人有其獨立的人格，有其意思表示的權利；有其參預大政的權利；有自由發展，同時即爲國家養成健全的分子。民主政治之貢獻在此，其在歷史上之價值亦在此。〔註36〕

　　在張君勱修正民主政治的理念中，「民主政治並非群龍無首的政治」，「修正的民主政治」有加強政府權力的傾向，政治之進行不能一日離開權力，但並不意味著統治者可以爲所欲爲，權力的行使，受到道德責任與法律責任雙重規制。「自由與權力，彷彿人之兩足，車之兩輪，缺其一即不能運用自如」。〔註37〕保障個人自由是民主的精髓，即使在國難期間的特殊歷史時刻張君勱也沒有忽視這一重要價值，因爲個人的政治意志只能在自由的環境中才能培養和表達。「既爲人民，須許他參與政治，自由發表意見。各個人發展其至善，爲國家全體增加力量，而後對外作戰，乃能一致抵禦外侮。人民在國內，一方負種種責任，他方則享受相當自由。自對內言之，自由二字之意義，在某種範圍內，不受政府之干涉。在對外言之，分子之自由發展，即所以謀大團體對外力量之增加。」「個人自由寄託於國家身上，國家全體亦賴個人之自由而得其牢固之道。此即今後立國之要義。從這一點來說，中國民主政治之一線光明，即在自由與權力平衡之中。」〔註38〕張君勱將個人自由寄託於國家

〔註33〕 張君勱：《立國之道》，上海：商印書館，1947 年，第 101～102 頁。

〔註34〕 盧梭提出「公意」和「眾意」兩個概念，指出「公意」是代表全民的共同利益和願望的意見，「眾意」則著眼私人的利益，是個別意志的總和。盧梭：《社會契約論》，第 35 頁。

〔註35〕 應克復：《西方民主史》，北京：中國社會科學出版社，1997 年，第 234 頁。

〔註36〕 張君勱：《立國之道》，上海：商印書館，1947 年，第 117 頁。

〔註37〕 張君勱：《立國之道》，上海：商印書館，1947 年，第 95～97 頁。

〔註38〕 張君勱：《立國之道》，上海：商印書館，1947 年，第 98、99 頁。

身上，就戰時中國而言，自是具有其合理性，如單就民主政治演進的歷史來看，將國家作為個人的絕對載體，容易給獨裁者以國家名義侵犯個人自由，從而實行極權統治。

1930 年代的國家發展路徑，可供選擇不只英美民主模式，德、意、蘇俄的集權方式也可供參考，張君勱居於對民主價值的認同最終選擇英美的民主政治，儘管民主政治在實踐過程中暴露出相應的弊端，但「民主政治有保護人民主權或人民自由的種種方法」，而且在民主政治下：「國內安定，少武力競爭之事變；人民有法律的保障，所以能安居樂業；因有思想自由之保障，故學術發達；⋯⋯真正民主國家如英、法、美國雖經有史以來之大戰，仍然穩渡過去。英、法、美在戰後政治經濟均逢著大困難，然仍穩如泰山。德俄兩國所以崩潰，正因其不能實行民主之故。」〔註39〕

張君勱「修正的民主政治」中，「修正」原則是：「為政治效率增高起見，政府權力當然宜於集中，但集中的限度是以行政為界，斷不容侵犯到社會上去，人民的自由亦受管轄。」〔註40〕希望以此「把效率、自由、平等三者配合得各到相當程度」，以「民族一體，個人自由，社會平等，政治效率」來改造國家，從而使全國「如一個有機體，能運用自如」。〔註41〕為提高行政效力，張君勱主張「舉國一致」、「權力集中」，因而受到部分學者批評，甚至懷疑張君勱的思想具有極權主義傾向。薛化元指出，在中國國家社會黨成立前後以至抗戰勝利前，張君勱的思想「就整體來看，集體主義的多黨聯合極權政治色彩，仍是最大的特點」。並批評張君勱在《立國之道》中將希特勒假「民主」之名施行的極權體制也視為「民主政治」。〔註42〕鄭大華也認為，張君勱的修正是「在傳統的議會民主政治的框架內，向德、意的法西斯獨裁政治方向修正。」〔註43〕其實，將張君勱的思想置於上世紀 30 年代初的特定歷史脈絡中，可以看到一定程度上誤解了張君勱的本意。不可否認，張君勱也曾上受到獨裁政治與集權主義的影響，尤其是醞釀和提出「修正的民主政治」之初，在英美等國因應付經濟危機而加強政府權力的影響下，再加之中國面臨日本入侵的嚴重民

〔註39〕張君勱：《立國之道》，上海：商印書館，1947 年，第 105、115 頁。

〔註40〕記者：《我們所要說的話》，《再生》1932 年第 1 卷第 1 期。

〔註41〕張君勱：《我們對於「救國」問題的態度》，《再生》1934 年第 2 第 8 期。

〔註42〕薛化元：《民主憲政與民族主義的辯證發展——張君勱思想研究》，臺北：稻禾出版社，1993 年，第 43、154～159 頁。

〔註43〕鄭大華：《張君勱傳》，北京：中華書局，1997 年，第 312 頁。

族危機，張君勱提出「舉國一致」、「權力集中」的主張，儘管他在言行中始終警惕權力對自由的侵犯，但「修正的民主政治」的確缺乏有效制約政府權力和保障個人自由的具體措施，如將其主張置於當時的歷史脈絡中，作為特定時空下的應急方案卻也可以理解。張君勱也意識到強調集中政府權力的危險性，並很快作出相應的調整，他在 1934 年明確區分了英美集權與蘇德獨裁的區別，英美法純粹是由於經濟上的原因造成的危機政府，在議會的允許下，「政府於憲法規定之外，有自由伸縮的餘地」；而意大利、蘇俄等政府則是革命的結果，所以流於獨裁。〔註 44〕至於德國，張君勱並未將希特勒的極權統治歸為民主政治，在《立國之道》一中，他明確指出：「在民主政治這個名詞下，各國各有不同的內容，美與法不同，法與德不同，德與俄不同，……德國自希特勒執政以來，德國民主國名義不復存在，而魏瑪憲法的內容，亦已完全改變。一切大權都歸於希特勒一人之手」。〔註 45〕張君勱在民族危亡的情況下主張加強國家權力，並非贊同專政和獨裁，他將專政歸納為：「第一、政權集於一派之手；第二、廢止議會制度下之多黨政治；第三、擡高執行權，降低民意所託之立法權。」〔註 46〕張君勱強調，「獨裁政治是以人為原則，純在法律軌道以外，……中國要走向近國家的軌道，非得注重法治，非得養成法制的精神不可。」〔註 47〕由此可見，並未背離民主政治的價值取向，受民族危機影響雖有加強政府權力的傾向，一旦時局緩和，他又回到民主政治的軌道上來。在抗戰中，他以「國民參政會」參政員的身份提交一系列提案，要求國民黨開放政權，實施憲政，〔註 48〕提議並組織「中國民主政團同盟」，參與發起兩次憲政運動。對張君勱「修正的民主政治」所作出的判斷，翁賀凱的理解較為準確，張君勱「以憲政和民主政治作為中國立國的『常軌』，實現中國的民族國家建設和一體化進程的基本思想沒有動搖。」〔註 49〕

〔註 44〕 張君勱：《法制與獨裁》，《再生》1934 年第 2 卷 10 期。

〔註 45〕 張君勱：《立國之道》，上海：商印書館，1947 年，第 93～94 頁。

〔註 46〕 張君勱：《經濟計劃與計劃經濟》，《再生》1933 年第 2 卷第 2 期。

〔註 47〕 張君勱：《法制與獨裁》，《再生》1934 年第 2 卷第 10 期。

〔註 48〕 張君勱在「國民參政會」中提交的提案有：《刷新政本以利抗戰案》、《請確定民主法治制度以奠定建國基礎案》、《請結束黨治實施憲政以安定人心發揚民力而利抗戰案》等，參見孟廣涵主編：《國民參政會紀實》，重慶：重慶出版社，1985 年；《國民參政會紀實（續篇）》，重慶：重慶出版社，1987 年。

〔註 49〕 關於翁賀凱對張君勱「修正的民主政治」的判斷，請參見翁賀凱：《現代中國的自由民族主義：張君勱民族建國思想評傳》，北京：法律出版社，2010 年，第 112～114 頁。

第二節 張君勱的國家社會主義主張及其方案

張君勱 1920 年代初以德國爲效法對象，提出以社會主義作爲改造中國的方案，後因忙於國立政治大學籌辦，社會主義和社會改造問題曾一度離開了其思想言論關注中心。在國立政治大學遭到國民黨查封後，他又與李璜共同創辦《新路》雜誌，批評國民黨一黨專政，致力於爭取人權保障，要求國民黨開放黨禁的民主政治活動。1929 年爆發的經濟危機使資本主義世界深受重創，並由此引發一系列政治、經濟和信仰危機；與此同時，蘇俄則通過「計劃經濟」的實施，創造了「孤島繁榮」的奇跡，社會主義再度回到知識分子的視野中，成爲關注的熱門話題。據鄭大華對 1930 年代初《東方雜誌》、《獨立評論》、《申報月刊》、《讀書雜志》、《大公報》等 33 種刊物的統計，有 100 多人在這些刊物上發表過 200 多篇談論蘇聯和社會主義的文章，〔註50〕介紹蘇俄和社會主義的圖書也得到大量出版。張君勱通過總結現代經濟史的經驗，理性審視資本主義市場經濟與社會主義計劃經濟的價值，進而提出以國家社會主義作爲發展中國經濟的立國方針。主張在國家的統籌主導下實行計劃經濟，以此發展民族工業，擺脫對國外的依賴，從而達到民族自活和社會公道的目的。這種計劃經濟是在不違背民族國家利益與社會利益的前提下，實行公私混合，調和工人與資本家利益的「混合經濟」。有關這一時期張君勱的社會主義思想，學界曾有過相關探討，〔註51〕本節則在充分吸收學界研究成果的基礎上，就張君勱國家社會主義主張及其方案進行深入分析和系統討論。

一、實行社會主義的必要性

張君勱主要從經濟發展的角度說明實行社會主義的緊迫性和必要性，在內憂外患的局面下，無論是解決民生疾苦，還是擺脫日本的入侵，都需要加快經濟的發展和工業建設。西方國家歷經第一、二次工業革命，正向第三次

〔註50〕 鄭大華、譚慶輝：《20 世紀 30 年代初知識界的社會主義思潮》，《近代史研究》2008 年第 3 期。

〔註51〕 相關論著有：鄭大華、譚慶輝：《20 世紀 30 年代初知識界的社會主義思潮》，《近代史研究》2008 年第 3 期；翁賀凱：《「國家社會主義下之計劃經濟」——張君勱 1930 年代的社會主義思想論析》，《福建論壇》2007 年第 8 期；丁三青：《張君勱社會主義思想及其流變》，《徐州師範大學學報》2004 年第 5 期；陳先初：《精神自由與民族復興——張君勱思想綜論》，長沙：湖南教育出版社，1999 年，第 173～185 頁。

工業革命邁進，而中國民族工業雖稍有發展，但其產量尚不足以供本國之需要，至於重工業、電氣化學工業連萌芽水平都尚未達到，因此，張君勱強調，經濟建設「實為今日中國之第一要務」。與政治建設只須人才、法制即可成功相比，經濟建設不但需要資本、技術和人才，而且還需要培養的時間。英國工業革命，係自然演進，其耗時長達百年之久；德國工業改造，亦費時二十餘年；至於俄國，一戰前已有萌芽，十月革命後，雖有突飛猛進之勢，其間亦歷經兩個五年計劃，用時逾十年方有今日之大觀。張君勱從英、德、俄三國工業建設所費之時間得出：先進國需時長，而後進國需時短，中國若下定決心，奮起直追，經濟建設仍有希望。同為工業發展，英、德、俄所採取的方針則不同，英德兩國為資本主義制度下的自由發展，英費時長而德短，俄為計劃經濟下的發展，費時更短於德。〔註 52〕對於中國而言，發展工業不僅是經濟建設的需要，更是擺脫民族危機的迫切需求，面對日本的入侵，從戰爭角度考慮，工業是最重要的支柱產業，尤其是重工業。綜合各方面因素，中國沒有時間去培養資本主義，而德國一戰後實行社會主義而經濟迅速恢復，蘇俄實施計劃經濟得以迅猛發展，故選擇社會主義是中國擺脫目前困局的最好方式。

張君勱認為，英美放任政策，「一切農工任其自由發展，蓋經濟乃私生活範圍以內之事，可任私人自由處理」；蘇俄式共產主義，通過革命方式，「打倒資本主義，責資本家只知榨取而不知有大眾」。英國工業革命耗時百年，中國沒有足夠的時間通過這種放任政策來培養經濟。放任政策，以利益為驅使，憑藉供求關係的自我調節使國民經濟維持平衡，然而近百年來的經驗表明：「私人利益有時不獨不能代表社會利益，而且有直接衝突」，晚清國人的鴉片種植，即是私人利益與社會利益衝突的證明。更何況以私營企業為經濟活動的主體，也不一定能使國民經濟維持平衡，滿足私人需要不一定是滿足社會的需要，即使勉強達於平衡也非健全的平衡。何況經濟危機的周期性爆發「已證明私人企業已失去其長期維持平衡之能力」。私人企業的最大原動力為利益，有利可圖則生產、則建設，無利可圖則一切作罷。中國的當務之急為重工業建設，重工業建設成本高而價格低，不宜於基礎薄弱的私營企業。根據上述情形，張君勱明確指出，「若採用放任政策，可以斷言此路不通」。〔註53〕

〔註52〕張君勱：《立國之道》，上海：商務印書館，第 167～171 頁。

〔註53〕記者：《我們所要說的話》，《再生》1932 年第 1 卷第 1 期。

　　此外，張君勱之所以選擇社會主義而不是資本主義，一方面是因爲在這次經濟危機中資本主義暴露出嚴重的缺陷；另一方面是資本主義將財富集中於少數人手中，造成社會嚴重的貧富懸殊。〔註54〕在自由主義理念的指導下，資本主義的發展的核心要素是盡量避免國家對市場的干預，國家除對生命財產的保護進行必要的干涉外，政府不應再有作爲；國民經濟活動的法律限制，一律停止，應以個人主義、自由競爭、自由貿易爲最高原則。政府不干預經濟的原則，隨著時代的演進，已是弊端百出。〔註55〕

　　張君勱高度認同自由主義所薰陶出來的自由、民主和人權等政治理念，但他不認同自由主義的放任經濟模式。通過對德英美等國的觀察，〔註56〕張君勱看到貧富差距令人觸目驚心，社會財富集中於少數人之手，「因富力在握之故，於是社會地位與政治勢力，因此而增進」。張君勱將財富集中於少數人手中的歷史演進分爲四個階段：即最初爲商業資本主義；第二時期爲工業資本時期；第三時期爲獨佔資本主義時代；第四爲金融資本主義時期，投資銀行家操縱一切。〔註57〕而當時正處於金融資本主義時期，管理工業者非廠主

〔註54〕 關於這一點，張君勱在 1920 年代初就已經意識到，並且成爲他轉向社會主義的重要原因，本文第二章已有詳細論述。

〔註55〕 張君勱將其歸納爲五點：（一）政府不對勞動者有所干涉，各工廠爲維持其自身利益計，不許工人稍享其人生之幸福；（二）概據供求相應的原則，則流通暢行無阻，物價自平，而各國資本家則紛紛放棄競爭而走上壟斷之途徑；（三）個人經濟行爲的動機離不了利益，然而爲防止現金流出，各國進行貿易保護，即所謂經濟的國家主義，經濟行爲方面不再以個人之利益爲前提；（四）國內表面上雖容許大小資本家並存，實則小資本家無法與大資本家競爭而遭到淘汰；（五）各國爲生存、爲國防計，各自提倡重工業，同時兼及於輕工業，自由主義學說希望國際間能分工合作的可能性無法實現。張君勱：《立國之道》，上海：商務印書館，第 176～177 頁。

〔註56〕 具體相關數據參見張君勱：《國家民主政治與國家社會主義》（下），1932 年第 1 卷第 3 期。

〔註57〕 最初爲商業資本主義，即世界商業膨脹，製造物之數量大增，於是不得不募集資本以圖擴充。管理工商業者和籌集資本者皆爲商人。第二時期爲工業資本時期，此時因有機器，於是大工廠、交通機關等因之而起。非有大量資本長期投資於各項工業中，則大規模工商事業將無由發展。第三時期爲獨佔資本主義時代，以工商交通事業集合於托拉斯（Trust）之下，各行業統歸托拉斯控制。於是工人減少，且可大量生產，價格由其操縱。如是，其所得之利益自甚優厚。第四爲金融資本主義時期，投資銀行家操縱一切。管理工業者非廠主本身，而是金融家與銀行家。於是工商業走上壟斷之途徑。美國人以福特、羅克佛勒爲獨佔資本主義之代表，而以摩根爲金融資本主義之代表。張君勱：《立國之道》，上海：商印書館，1947 年，第 181～184 頁。

本身，而是金融家與銀行家，於是工商業走上壟斷的途徑。張君勱將金融資本的操縱，歸爲放任政策之結果，因爲 18 世紀以來，「認財產權爲國民基本權利之一，政府須加以保護」，根據這一原則，產生了不干涉政策，工廠設備、工人生活、及至工商家之壟斷，政府悉聽其自然。於是才有大公司壟斷一切的現象，進而有貧富懸殊。社會公道盡失，方有歐洲各國「社會黨亦因之勃興」。〔註58〕

　　實行以國家統籌導向的社會主義，可以緩和資本家與社會主義者演成的對立局面。「資本家之貢獻，有技術方面改良，事業範圍之擴大，由多數小工業擴而爲大工業；至社會主義者之貢獻，在爲勞務者抱不平，改良工人生活，參政權推及於工人」。兩方對立之局，形成非彼此打倒不可。張君勱指出，中國的社會運動，必須要避免對立局勢，國內工業雖有所發展，但遠夠不上資本主義的地位。在資本充裕之國家，工人可以罷工爲手段，以達到種種要求，如增加工資、縮短工時等。如果中國工人也以罷工爲手段，於己於廠兩無益處，工人無工可做，工廠關門而已。此外，中國工業處於國際壓迫之下，勞資兩方惟有努力合作以增加生產，方能形成民族工業。所以，「社會革命在中國今日實無重演之必要，今後應以公私經濟安頓在同一總計劃下而開發之，此爲我國經濟上之唯一出路。」〔註59〕

　　蘇俄五年計劃取得的成績，在危機重重的世界經濟形勢下產生了極大的示範作用。儘管張君勱反對蘇俄無產階級專政的政權模式，但蘇俄計劃經濟所取得的成就卻引起他極大的興趣，認爲蘇俄貨物生產和分配皆出於國家全盤計劃。〔註60〕蘇俄爲一國獨立自足之經濟單位，不受世界市場的牽制；對外貿易，以一國全體之農工商爲單位，故盤旋之餘地廣；經營工商，由國家

〔註58〕 張君勱：《立國之道》，上海：商印書館，1947 年，第 185～186 頁。

〔註59〕 張君勱：《立國之道》，上海：商印書館，1947 年，第 191～192 頁。

〔註60〕 張君勱將計劃經濟的特色歸納爲以下五點：一是注重工業建設，用限制人民對於國內產物之消費的方式，擴大出口，乃有現金收入以購買機器；二是國家將重工業建設放在首位，關於輕工業、日用品的製造次之。三是國家自爲生產者，可計算全國人民之需要而生產之，與資本主義國家以價格爲生產標準不同，不會出現供過於求的現象；四是國家自爲生產者，在同一計劃下管理千百工廠，沒有資本主義國家工廠分紅、廣告、商人等額外支出，故浪費特別減少；五是將全國生產統一爲國家所生產，因此可以每年考查全國之總所得中儲蓄多少，以定下年投資之總額。張君勱：《立國之道》，上海：商印書館，1947 年，第 199 頁。

爲之統一設計，自不致陷於生產過剩；合全國之心力，以實現其一定之計劃。
與蘇俄相比，西歐工商業國與歐洲外之農業國之貨物，受世界市場之支配，
其貨價之或高或低，大影響於國民之產業；歐洲的資本家各自獨立，彼此不
相爲謀，視其資本之大小，以定其在市場上之勝負；西歐資本家的企業屬於
個人，故有過不及之病，因而造成經濟的無政府狀態；西歐資本家的經營，
以謀利爲第一目的，雖在保護政策之下，政府爲之調劑，然國家支配力不強。
通過雙方對比，「俄立於計劃經濟之下，故能通盤籌劃；加以其工業本不發達，
故不致有過剩之病；且合公私力量之土地、資本、勞力三項，以實行其建設
計劃，自比英美兩國一任私人各自爲政爲有效」。〔註61〕

　　資本主義之下，私人自己經營工商業，所以對於盈虧非常注意，事業亦
易於維持長久。社會主義之下，大工業歸於國有，其非國有者，國家亦得加
以干涉，各項經濟事業既由國家官吏經理或監督，缺點是失去了私人經營之
敏捷與靈活。然而，1930 年前後，世界商業凋敝，主要資本主義國家生產過
剩，物價和金融動搖；同一時期處於封鎖地位的俄國，反而安穩進行，既無
失業問題，且工廠與交通事業更加繁榮。張君勱認爲，這是由於蘇俄「實行
者爲有計劃的經濟，而資本主義國家所實行者爲無計劃的經濟之故」。〔註62〕

　　在經濟危機的衝擊下，美國亦調整經濟政策，實行計劃經濟，張君勱認
爲美國的計劃經濟「追隨蘇俄之後而緩和其度」，其要義爲：「經濟的組織之
系統，其中各獨立分散之工廠、企業及工業，爲一大全體中相劑爲用之單位
（Coordinated unite），以期利用一切所有之富源，而達於某時期內全民族需求
之最大滿足。」爲了避免將經濟計劃混淆爲計劃經濟，通過對各國的考察，
張君勱歸納出計劃經濟的三個特點：「第一、計劃經濟之下，合全國之企業單
位，以成一大統系；第二、計劃經濟之下，盡國內所有之富源，供全民族之
需求；第三、計劃經濟之下，謀生產與消費之平衡，勿令有需求而無供給，
或有供給而無需求。」計劃經濟以全國生產消費，全國出入之均衡爲目的，
限制外貨之輸入而免國內資金之流出，並且借國家力量進行控制；「經濟計劃
有應辦之若干事爲目標，並籌關於達此目的之方法，曰人材、曰財力，如此
而矣。」計劃經濟包含經濟計劃，而經濟計劃無「調劑之動作」。〔註63〕

〔註61〕張君勱：《立國之道》，上海：商印書館，1947 年，第 230～231 頁。
〔註62〕張君勱：《立國之道》，上海：商印書館，1947 年，第 230 頁。
〔註63〕張君勱：《經濟計劃與計劃經濟》，《再生》1933 年第 2 卷第 2 期。

　　張君勱之所以讚賞蘇俄計劃經濟，是因為他看到解決中國危機的可能性，但他也並非就全盤照搬計劃經濟模式，而是強調「今後之國家建設，既不能如英國之放任主義，以私有企業之主體建設國民經濟，亦不能採取共產主義之主張，以階級鬥爭為手段，將私有企業制度整個打倒，代之以整個的國有企業。」〔註64〕在張君勱看來，無論是蘇俄還是英美，實行計劃經濟都不外兩大目的：「第一、社會主義的建設；第二國內之自足自衛。其在西歐則偏於第二點，而不及於社會改造；其在蘇俄則以社會改造為目標，而第二點獨佔對外貿易之故，自隨而來。」中國今後的發展應效法西歐「提高關稅以防止外貨」，「振興農業以圖糧食自給」。然而國內經濟凋敝，工業亦處於起步階段，「僅效法西歐各國之自給政策，不獨藥不對症」，即使實行也十分困難。故張君勱強調，「非標明社會大改造之宗旨，不能起此垂斃之民而致之於復興之途。」〔註65〕他在《立國之道》中明確指出，中國的經濟建設，「惟有國家社會主義而已。一方求國家之自足自給，或民族自活，他方求社會公道之實現，而獎勵個人之自發自動的精神。」〔註66〕

二、社會主義的目標：民族自活與社會公道

　　張君勱「立國之道」首要回應的現實問題意識是解決民族自活，南京國民政府業已成立，但民族工業的發展依然百廢待興，同時又面臨外敵入侵的嚴重威脅。解決民族危機，必須要實現民族自活，於內發展社會經濟，蓄積應對日本入侵的經濟力量；於外擺脫對其它國家的依賴，實現民族經濟的獨立自主。社會公道是張君勱「立國之道」的重要組成部分，主要是為了解決貧富懸殊和階級對立的社會矛盾。自1920年代提出以社會主義作為改造中國的方案以來，實現社會公道的訴求始終貫穿張君勱社會主義思想發展的始終。相較於之前強調工商業的發展與社會倫理相調和，偏重於社會倫理層面的思考，〔註67〕這一時期，張君勱尋求社會公道的主張則側重於制度的審視。

　　本著民族自活、社會公道和個人自由出發，張君勱提出經濟建設的大原則：「為謀個人生存之安全，並改進其智慧與境況計，確認私有財產；為社會

〔註64〕張君勱：《立國之道》，上海：商印書館，1947年，第171～172頁。
〔註65〕張君勱：《經濟計劃與計劃經濟》，《再生》1933年第2卷第2期。
〔註66〕張君勱：《立國之道》，上海：商印書館，1947年，第171～172頁。
〔註67〕在《國憲議》一書中，張君勱提出：「工商業之發展，要必與社會倫理相調和」的觀點，參見張君勱：《國憲議》，上海：時事新報社，1922年，第109頁。

謀公共幸福並發展民族經濟與調劑私人經濟計，確立公有財產；不論公有與私有，全國經濟須在國家制定之統一計劃下，由國家與私人分別擔任而貫徹之；依國家計劃，使私有財產漸趨於平均與普遍，俾得人人有產，而無貧富特殊之象。」〔註68〕

關於民族自活，張君勱認爲，在民族工業處於起步階段的中國，所面臨的主要問題不在分配的不均，而是發展的不富。因而，提高生產，增加國家的富力才是第一要務，減少對國外進口的依賴，實現國家的自給自足，也即民族自活。中國民族經濟的致命弱點在於衣食住行大部分「仰給於外國」，「十餘年來，政府惟知以內戰爲務，農不安於隴畝，工商不安於市肆，於是外貨之入口者，皆四萬萬人日用所需之消費品矣。夫工廠機器或科學儀器不能不求之國外，猶可言焉，今並食米、麵粉、紙煙、魚介而賴之外國，試問『不耕而食，不織而衣』之歲月，尚有幾何乎？」〔註69〕以棉織品而論，中國不能自織，煤油爲中國礦產之所缺或有而未開鑿，顏料出於化學工業，這些產品依賴外國尚可理解；讓張君勱最不能接受的是大米、紙煙、魚介、麵粉等，「並非精巧之農工業，非集大資本而不能辦者，何以此轉易之消費品，竟亦不能自製！且輸進之米，並非來自歐美，而爲暹邏、緬甸、安南之諸小國。」〔註70〕因此他強調，中國如果「不以生產以農工之振興爲惟一要務，則不待俄之奪蒙古，日之佔滿洲，英之侵西藏，而經濟上之亡國破家，定不遠矣」。〔註71〕解決這一問題的最好方法是實行國家社會主義，「因爲這種主義的憑藉便是民族主義，以民族的團成一體來作一切的根據」。〔註72〕

張君勱迫切希望中國通過自己的艱苦卓絕努力，擺脫對國外依賴，實現自給自足。爲民族自活計，張君勱提出所要達到的目標：（一）須辦到食品的自給，米麵、魚介之類完全禁止人口；（二）求棉紗毛織物的自給；（三）同時著手基本工業，如鋼鐵、電氣、化學工業之類的發展。這三項目標要10到15年內達到相當成績，以實現經濟的完全自足。從國家民族本位主義的思想

〔註68〕張君勱：《立國之道》，上海：商印書館，1947年，第172頁。
〔註69〕張君勱：《國家民主政治與國家社會主義》（下），《再生》，1932年第1卷第3期。
〔註70〕張君勱：《立國之道》，上海：商務印書館，1947年，第236頁。
〔註71〕張君勱：《國家民主政治與國家社會主義》（下），《再生》，1932年第1卷第3期。
〔註72〕記者：《我們所要說的話》，《再生》1932年第1卷第1期。

出發，張君勱要求：首先停止食品的輸入，中國號稱以農立國，米麵都不能
自己生產，民族立國也不可能實現；其次是紙煙、魚介之類一併不許進口；
再次，將禁止購買米麵、紙煙、魚介等物資所節省下來的現金購置機器，發
展紡織業，解決衣著問題；再將大宗輸出品，如生絲、茶、豆餅、生皮錫、
桐油之類所獲的資金，用以發展化學電氣工業。〔註73〕總之，「增加生產，必
須由民族自己努力」。〔註74〕張君勱深信，這樣的辦法不僅能籌措到必需的資
金，而且還能發展民族工業，實現民族經濟的獨立自主。

　　張君勱主張減少對國外的依賴，發展自給自足的民族經濟，並非否定對
外貿易，盲目排外，因為「國際經濟還是於相當的限度內仍必須建築在合作
的基礎上」，國際間相互合作是經濟發展的趨勢。如果中國「始終以完全仇視
外國的心理，把他們一律認為帝國主義者」，這無疑是將自己置於孤立地位。
儘管資本主義各國與中國貿易是為自己謀利益，中國因起步晚並且基礎落
後，在此過程中難免會有不利局面，但只要採取適當的政策，由國家統一規
劃對外貿易，則可將這一不利情況的影響降到最低程度，「一方面極力設法把
國家弄成一個對外貿易的唯一樞紐，他方面卻仍可不完全違反世界經濟的互
助與合作的背境」。在國際貿易中，以整個民族作為「一個經濟單位」，國家
作為對外貿易樞紐，禁止不利於發展民族經濟的外貿活動，國內必需貨物的
進口由國家統一辦理。這樣既發展了國家經濟，達到實現民族自活的目的，
同時也不違背「世界經濟的互助與合作的背境」。〔註75〕總之，「民族自活」
的立足點是通過中國人民自身的努力，發展民族工業，同時輔以必要的對外
貿易，從而維護國家的經濟獨立。

　　無論是社會公道的需要，還是實現民族自活的需求，都需要以國家主導
的計劃經濟。歐洲工商業的發展，培養於自由主義理念，工具的改良和機器
的發明皆是出於私人自主。然而，在資本主義放任政策下，造成嚴重的貧富
差距，導致階級仇視。財產私有是資本主義經濟制度的一大特點，然而不受
節制的財產私有卻造成社會財富集中於少數人手中，從而導致社會的不公
平。中國要發展民族工業，時間上不可能再走歐洲那樣漫長演進的老路；投
資上個人實力有限，無法與國外企業相抗衡，因而必須以國家的力量介入，

〔註73〕張君勱：《立國之道》，上海：商務印書館，1947年，第236～237頁。
〔註74〕記者：《我們所要說的話》，《再生》1932年第1卷第1期。
〔註75〕記者：《我們所要說的話》，《再生》1932年第1卷第1期。

才能推動民族工業的發展。此外，農工商業的發展，需要投入大量的人力物力以保障相關專家的研發工作，在工業基礎薄弱的中國，只能由國家代謀之，「其創造發明者自不當屬之私人之專利，而爲全國之公器」。以國家力量推動工商業的發展，並非完全廢除私有制，張君勱主張，「經濟事項委曲繁重，私人自謀而無害社會之公利者，聽之私人可也，私人自謀而有害全社會之公利者，禁止之可也」。〔註76〕張君勱反對資本主義的放任自由，並不否定私有制的作用。他批評蘇俄一切生產工具收歸國，廢除私產製度的做法，認爲「資本制度所以發生以及其所以演成現在的畸形，其故不是由於私產製度，而實由於放任狀態。質言之，即有了私產再加以放任，乃始有資本制度。所以至多只能說資本主義由私產而演出，卻決不能說有私產則資本主義必隨之而來。」他強調「經濟的歷程在實際上是混雜的，即在社會主義的國家中亦不妨有私產。」此外，私產的保留有助於提高人們從事於生產的積極性。張君勱強調私產的作用很大，關鍵在於如何處置，「若是處置得當，則私產不但不是弊害，而反是利益」。〔註77〕

　　合理處置私產的界限在於「私人自謀而無害社會之公利」，反之則應實行公有制。私有是「爲個人謀生存之安全並改進其智慧與境況」，而公有制「爲社會謀公共幸福並發展民族經濟與調劑私人經濟」。〔註78〕張君勱主張公私混合的混合經濟模式，他將生產事業的種類從經營主體分爲私人經營、合作社、地方團體、國家監督下的私人企業和國家；從財產享有上分爲個人之私產、法人團體的公產與國家的公產；從利益分配上分爲工人兼爲股東分享股利、私人在大企業中所得之利益受國家之限制、國營事業之利益爲全社會所共有。〔註79〕資本主義造成社會的不平等，「不在私產自身，而在其偏枯。」〔註80〕要實現社會公道，最好的方法是實行混合型經濟，根據生產事業經營及其利益分配的分類，張君勱舉例說明這種混合經濟的分佈：「上而精巧之美術，下而一人獨營之雜貨鋪或縫衣作坊，聽私人爲之可也；日用飲食之品爲人所

〔註76〕張君勱：《國家民主政治與國家社會主義》（下），《再生》，1932年第1卷第3期。
〔註77〕記者：《我們所要說的話》，《再生》1932年第1卷第1期。
〔註78〕記者：《國家社會主義綱領》，《再生》1935年第3卷第1期。
〔註79〕張君勱：《國家民主政治與國家社會主義》（下），《再生》，1932年第1卷第3期。
〔註80〕記者：《我們所要說的話》，《再生》1932年第1卷第1期。

共同需要者，如西方之麵包吾國之米麵與木器傢具，屬之合作社可也；電車電燈自來水則地方團體之業也；大工業如紡紗棉織，其所有權屬於私人，而經營之法，應受國家經濟計劃局之監督，至於交通機關如鐵道，天然富力如煤礦如水力如電力乃至大工業如鋼廠之類，應由國家所有而經營之者也。」從發展農業的角度上看，張君勱提出：「變佃農為自耕農，使得享有產業；設立農業合作社；設立國營農場與集合農場，或者經此改革，農業大興而外來之糧食可以禁絕，至於收買地主之田以歸諸佃農，當由一省或一縣設立農業抵押銀行，由佃農分年攤回本利，而國家與地方補助之。」〔註81〕

　　張君勱要求保留私有制，主張混合經濟，「把原有自然的混合經濟而一變為全盤計劃的混合經濟」。〔註82〕蘇俄共產主義主張打倒資本家，提倡分配的平均，這種方式不適合中國，因為中國在通商口岸雖有若干工廠，但與英美工業資本相比，「不啻滄海一粟」。不重生產而專求分配平均、專求打倒資本家，「不明資本之重要，而但說資本主義之可惡，以此態度而談經濟建設，不啻緣木求魚」；故「國家今後經濟建設，應平心靜氣，實事求是，不應再有成見」，而是要客觀看待資本主義與社會主義之長短得失。張君勱通過對雙方的比較指出，資本主義的長處是：「政府不加干涉，聽人民自由處理；人民自負責任，故私人自動之發展；人民自負盈虧之責，故經營事業之法，合於經濟原則」。其短處為：「財富集中於少數人，釀成貧富之不均；無統籌全局之計劃，流於生產過剩；私人互相競爭，因競爭而生浪費」。相較而言社會主義則有這樣的長處：「財富集中於國家，可以矯正貧富之不均；國家得以統一計劃，經營各種事業；一切經濟事業集中於國家，故易於抵禦外國之工商競爭」。其短處則有：「國家自從事於經濟事業，須多設官吏；官吏不長於經營工商；國家權力過大，可以妨害人民自由」。「如何舍短而取長乎，抑以長足勝短而採之乎，此乃吾國今後社會治安國家存亡之大計也」。今後應站在民族的立場上，為謀國家公私兩種經濟之建設，「工人固應保護，但以不妨害社會與民族為標準；資本家亦有其應得之利益，但亦以不妨害全民族全社會之利益為標準」。〔註83〕張君勱主張的混合型經濟，作為經濟發展落後的國家向現代工業

〔註81〕張君勱：《國家民主政治與國家社會主義》（下），《再生》，1932年第1卷第3期。

〔註82〕記者：《我們所要說的話》，《再生》1932年第1卷第1期。

〔註83〕張君勱：《國家民主政治與國家社會主義》（下），《再生》，1932年第1卷第3期。

社會轉變的一種特殊方式，對振興民族工業、矯正貧富不均，具有相當的歷史合理性，並且在半個世紀後，混合型經濟在世界各地得到實施，很大程度上證明了張君勱作為思想家的敏銳性和先見性。

三、實行社會主義的原則和方案

關於社會改造運動的興起，張君勱認同羅素對馬克思、恩格斯集大成者定位：「社會主義在歐洲之成一勢力，自馬克思始。馬克思以前，英法兩國，未嘗無社會主義之說。如法國一八四八年之革命，社會主義之力尤大。但馬克思以前之社會主義者，皆沉溺於烏托邦之妄想，而不能成一強固之政黨。獨馬克思與恩格斯以有系統的社會主義學說宣傳於當時，故能號召多數人士，其所造成之國際社會黨，在已往之百五十年中，勃然興起於歐洲各國。」〔註84〕

社會主義的發展需要有一套行之有效的具體方案，在具體制度中經濟所涉範圍甚廣，〔註85〕張君勱主要側重系統討論農業和工業方面，就國家社會主義下的工業政策和農業政策而言，他提出六條總原則：

一、為個人謀生存之安全，並改進其智慧與境況計，確認私有財產。

二、為社會謀公共幸福並發展民族經濟與調劑私人經濟計，確立公有財產。

三、不論公有與私有，全國經濟須在國家制定之統一計劃下，由國家與私人分別擔任而貫徹之。

四、依國家計劃使私有財產漸趨於平衡與普遍，俾得人人有產，而無貧富懸殊之象。

五、國家為造產之效率增加及國防作用計，得以公道原則和平方法移轉吸收私人生產或其餘值，以為民族擴充之資本。

六、謀民族經濟在世界經濟上取得平等地位並得輔助之，並促進世界經濟問題之解決。〔註86〕

〔註84〕張君勱：《立國之道》，上海：商印書館，1947年，第187頁。

〔註85〕如農業、工業、勞工、交通、幣制銀行、租稅等，各項主張，參見《我們要說的話》條文中第37～72項。

〔註86〕記者：《國家社會主義綱領》，《再生》1935年第3卷第1期。

在上述六條總原則下，爲實現社會公道，張君勱主張「普產主義」和混合型經濟的辦法。「普產主義」即普遍的私有制，在農業上，「劃定耕作單位，將佃農變爲自耕農，將大農變爲小農，使人人有土地」；在工業上，「分給工人以股票，則工人便盡爲股東」。爲了防止普產主義變成純粹的私產普遍化，還必須有國家公有財產進行「調劑」，即確立公有財產，並以此爲基礎形成個人之私產、團體之公產和國家之公產兼容並包的混合型經濟。〔註87〕

張君勱指出，「合此民族自活與社會公道之兩目標，以發展生產事業，則惟有由國家確定全盤計劃盡是矣。」例如「工業應需之公私資本幾何？人材幾何？農業應需之公私資本與人材幾何？農工二業中，何種居先何種居後？」皆應全盤計劃，「先由專家研究，再徵詢各地實業家與銀行家之意見，迨乎一經決定公佈，則全國人民應共遵守，猶對外戰爭時之效命疆場焉」。這樣做的好處是使經濟發展立國家的全盤計劃之下，「國營事業，當由國家自籌資本經營之，此限於天然富力之事業與交通機關而已」；而其他大工業，則根據下述方案解決：

一、所有權不必移轉；

二、營業與設備須按照國家計劃，受國家之監督；

三、盈餘除應提之公積與按照市場之利息外，歸入於全國資本中，以充下年擴張全國工業之用；

四、初興辦之新工商業，在五六年之內，其分配利益，不受前項之制限；

五、虧折時由國家貸以資金，俾得照常營業；

六、生活必需品之商業可由合作社經理，其餘商業聽私人經營，其利益按盈利稅則以稅之。〔註88〕

國家社會主義下營業，由國家統一籌劃，經營權立於國家支配之下，而不採取沒收政策。所有權與營業權分離爲二，所有權仍歸原主，而經營方針則立於國家計劃支配之下，從而避免蘇俄因沒收政策導致工廠關閉、技術人員逃亡、生產率之下降的惡果。張君勱認爲，不奪取人民的所有權，只限制營業權與分利權便可達到統一控制的目的。

〔註87〕記者：《我們所要說的話》，《再生》1932年第1卷第1期。

〔註88〕張君勱：《國家民主政治與國家社會主義》（下），《再生》，1932年第1卷第3期。

在農業方面，農業的主要問題，即土地國有還是私有的問題。張君勱主張土地私有，但國家有全盤整理權、支配權、公用徵收權。國家既握有土地支配權，分配土地時應有兩種標準：「變佃農為自耕農，即廢除坐食之地主階級；個人所佔之地，應以實際自己耕種者為限」。為此張君勱提出關於農業的八條方針：

一、國家對於全國土地有支配權，整理權及公用徵收權；

二、農業區務使能與工業區聯合，俾農人得兼為工人；

三、規定耕作單位；

四、依法律與公道，使佃農變為自耕農，並以公道與平和方法化除工農；

五、普遍設立農業貸款銀行，並補助與獎勵農業合作社之建立；

六、大興與農業有關之水利；

七、以科學方法改良種籽與耕作器具以及種植方法並改良副業；

八、提倡或獎勵畜牧與造林。〔註89〕

張君勱注意到，中國農業問題，不僅是分配問題，還有生產問題，如改良種籽、改良副業、興修水利等，皆事關根本。除此之外，還有農業金融問題，全國金融集中於大都市，稍有資產者皆託庇於租界，由此造成內地金融枯竭，農民無以自活。因此，在計劃經濟下，財政、金融與農工商業應打成一片，為達到這一效果，張君勱從農工業產品的種類及其數量、物價管理、資本的成本問題、銀行及金融制度、統制對外貿易問題和財政等六個方面進行考察並提出相應的建議和方案。〔註90〕

關於農工業產品的種類及其數量方面，在非計劃經濟下，張君勱指出，農工業產品通常由市場供需而定數量多少，至於民族生存妨礙與否，則不在注意之列。張君勱強調，「今後既要確定民族生存方針下之計劃經濟，則何者為國防所必要，何者為人民日用所需要，應由國家統盤籌劃。」在大敵當前的情況下，中國應效法蘇俄，優先發展重工業和急缺的輕工業產品。

對於物價管理，張君勱注意到，在非經濟計劃下，物價高下由供求關係而定，供多而求少，則物價跌，反之，則物價上漲。他認為中國今後經濟計

〔註89〕 記者：《國家社會主義綱領》，《再生》1935年第3卷第1期。
〔註90〕 參見張君勱：《立國之道》，上海：商務印書館，1947年，第247～268頁。

劃下的物價管理須同時採用人為的方法和自然的方法，人為的方法，即以政府之權力決定；自然的方法，即按市場供給需求決定。每種貨物，先由政府估計，然後通知工廠製造，數量在總計劃中有規定，產品任其自由買賣，自由決定價格。如因意外情形而物價飛漲，則政府加以干涉；如物價跌落，致生產者受損失時，政府亦應設法補救。

資本成本問題，由於中國發展起步較晚，缺乏資本積累，因此，張君勱主張首先應大力提倡儲蓄，然後將儲蓄資本集中起來進行投資。並建議「設立中央投資局，專司資本之利用，使投資有合理之分配。」計劃下之事業，私人如果願意投資則由私人投資，私人不願投資者則由政府投資。

至於銀行及金融制度，張君勱認為，不僅為實行計劃經濟應加大改革，即使在非經濟計劃下也應改變現在狀態。全國除商業銀行外，應設立下列銀行：（一）中央準備銀行，代理金庫和發行鈔票，且貼現與公開市場政策，以調劑金融和統制信用。或將中央銀行改組，以改變不合理的四行現鈔辦法；（二）工業銀行，即傚仿日本的興業銀行，發放款於各工業。（三）關於農業方面應有土地擔保銀行、農民銀行和合作銀行。土地擔保銀行在發行土地債券，分散地主的土地和培養自耕農。農民銀行在農家豐收之年，農民得以米穀抵押現款，使不致有穀賤傷農之影響。此銀行應在各省縣設立，為農民服務，以調劑穀價。合作銀行，一方面吸收合作社的股份存款，一方供給合作社資金，使合作社普遍全國，使農民得享到信用放款之便利。張君勱強調，上述之各種銀行，即不實行計劃經濟，也應及早創立。

在統制對外貿易問題上，張君勱意識到，在非計劃經濟下，對外貿易完全是商業行為，視國內外市場之需求情形以定進出口貿易。但在計劃經濟下則要利用對外貿易的統制，促進民族的自給，進口貨過多，會釀成現金的不足，從而動搖中央銀行的準備金，影響國內金融與物價。

關於財政，張君勱指出，在非計劃經濟下，財政以租稅為主。計劃經濟下，除租稅外，財政收入有社會所有經濟的累積和人民動員之資金兩大來源。社會所有經濟的累積包含：利益，即國家經營農工商所得之利益；貨物交易稅，即國家各工廠中所出之貨物，出售於市場時，國家所得之貨物稅。人民動員之資金，即國家以發行公債形式搜羅而得的資金。關於租稅，張君勱提醒政府應注意：第一，中國財政收入額受貪官污吏的影響嚴重，尤其是統稅之類，至少有三分之一為收稅官吏所吞沒，從而加重了人民的負擔，此應及

早改革；第二，中國稅收大部分由貧民負擔，如田賦出自農民，鹽稅以窮人擔負爲尤重，而官吏及有產者擔負反輕。因而稅制有徹底改造的必要，改造方法不外肅清積弊、增加直接稅、減輕人民負擔、增加上流社會之擔負等。

　　張君勱提出國家社會主義，但反對國家至上論，尤其是受到拉斯基影響後，提倡國家、社會和個人三者濟於平衡。不過在內憂外患的情況下，他主張國家應有一個強有力的政府，提高行政效率，對內發展民族經濟，對外捍衛民族安全。但權力過於集中，「又恐代表國家的政府，重蹈西方資本主義國家的弊點，加深階級鬥爭的裂痕，釀成社會革命的慘劇起見，所以主張發展社會主義的體制」。〔註91〕張君勱的國家社會主義，目的在於實現民族自活和社會公道。爲了能迅速發展民族工業，他將目光轉到蘇俄的「計劃經濟」，強調在國家的主導下進行經濟發展，因而對蘇聯的計劃經濟模式讚賞有加，認爲它「對於世界經濟，實有至大之貢獻」，〔註92〕代表了「經濟學上的一個極大轉向」，爲經濟的發展開闢了「一條新路」〔註93〕。蘇俄而在取得巨大成功的同時，很多問題被「孤島繁榮」的表相所掩蓋，再加上當時信息受限，即使有些問題已經暴露，也很難爲人們所知。正因爲如此，張君勱從爲我所用的工具性角度觀察蘇俄，帶有不少理想成分。他根據蘇俄的經驗，強調「國家」在「計劃經濟」實施中的主體和支配作用，提出：「國家者，以人民爲分子之團體也，在此經濟波瀾大起之日……救經濟界之責任，惟有由國家負之矣」。〔註94〕張君勱的這一立場，受到後來研究者的批評，薛化元認爲，他1920年代初的「社會民主主義被國家社會主義取代，整個國家體制的設計方向，朝向極權主義移行」。〔註95〕對此問題，本文同意翁賀凱所作出的判斷，「儘管對於『國家計劃』的強調令張君勱這一時期的社會主義思想較常態的民主社會主義有所偏離，但是在基本的政治、經濟和倫理內涵上，張君勱仍能維持民主社會主義的思想格局。」〔註96〕

〔註91〕俊生：《中國國家社會黨》，《再生》1946年第104期。

〔註92〕張君勱：《立國之道》，上海：商務印書館，第215頁。

〔註93〕記者：《我們所以說的話》，《再生》1932年第1卷第1期。

〔註94〕張君勱：《國家民主政治與國家社會主義》（下），《再生》，1932年第1卷第3期。

〔註95〕薛化元：《民主憲政與民族主義的辯證發展——張君勱思想研究》，臺北：稻禾出版社，1993年，第46頁。

〔註96〕翁賀凱：《「國家社會主義下之計劃經濟」——張君勱1930年代的社會主義思想論析》，《福建論壇》2007年第8期。

第三節　張君勱與國家社會黨的成立及運作

　　國民黨採用蘇俄建立黨軍模式完成北伐，實現武力統一，習慣於軍事征伐的國民政府，對「自由」、「人權」、「法治」等民主政治理念既不熟悉其運作，也不願意致力於複雜的民主程序，與民主政治的繁複相比，以軍代政的專制手段使用起來更容易也更省事，於是宣稱秉承「國父遺訓」，實行一黨獨裁。胡適、丁文江、蔣廷黻等人以《獨立評論》為輿論陣地，表達他們對中國現代化問題的關切，胡適派學人群的知識分子雖有部分人參與到國民政府中，但他們對政治的參與基本是以言論參政的方式，在體制內扮演「諍友」角色。而張君勱不相信國民黨在一黨專政的情況下，會自動放棄既得利益。在沒有反對黨，權力不存在競爭的體制中，也不可能會有言論自由和人權的保障，進而輿論空間也將受到不斷壓制，以批評的方式向政府建言不過成為空談。故張君勱要造成一個政黨，制衡國民黨一黨獨裁，發揮監督政府權力的作用。民國初年他參與組建民主黨也是出於此目的，民主政治的關鍵要素是制衡。張東蓀在提到組建中國國家社會黨（以下簡稱國社黨）的目的時也強調，「純是為了國民黨的『黨外無黨』一句話而激成，」相信民主主義，必然要反對一黨專政，「國民黨不許另外有黨存在，我們民主主義者便不能不另立一個黨，以表明我們的思想是自由的，目的不過如此。」〔註97〕此外，無論是民主憲政還是社會主義，都不可能以一個人的力量去實現，張君勱要踐行民主政治的理念和社會主義的理想，皆需借住團體的力量，一方面通過團體的力量實現其改造中國的立國主張，另一方面也可在政黨的運作下不斷完善和修正相關理論。

一、國家社會黨的歷史淵源

　　國社黨成員俊生在梳理中國政黨歷史時，將自己的源流追述到清末康有為、梁啟超所從事的憲政運動。〔註98〕這一說法雖然有為了提高身份而進行

〔註97〕張東蓀：《理性與民主》，長沙：嶽麓書社，2010年，第7頁。
〔註98〕「在清末早已從事憲政運動，至於海外部分，更具一種濃厚的和悠久的民族革命思想。所以假使欲進溯本黨的歷史淵源，恐怕比同盟會還要早些，也可以說是中國講憲政最早的一政黨。研究系、進步黨，雖然在名字上內容上和今日的國社黨，並不完全有關聯，但未曾不可說是一脈相承。換句話說：中國目前任何一個政黨，其醞釀其似乎都沒有我們這樣長久，因為我們大概經過了三十個年頭，才有正式的組織。」俊生：《中國國家社會黨》，《再生》第104期，1946年1月8日。

自我標榜的意味，但就其主要發起者與領導人張君勱、張東蓀的個人經歷和政治活動來看，卻也並非虛言。張君勱自 1906 年東渡日本留學，開始追隨梁啓超從事民主憲政運動，〔註 99〕直到梁啓超去逝，基本參與了研究系的重要政治活動。雖然這些活動與國社黨的成立沒有直接關係，但張君勱在其間所形成的人脈網絡，無疑為國社黨的成立奠定了相應基礎。具體而言，張君勱籌組國社黨的醞釀始於 1920 年代，其「所念念不忘者，在延攬同志而已，惟內地吾黨旗幟不鮮明，則招致新人才之舉。」〔註 100〕1922 年，張君勱與張東蓀等人商討組織政黨問題，以為應首先創辦理想雜誌，集合同志，進而組黨。梁啓超也有將研究系改組為黨的願望，「張君勱、丁文江兩人極為贊成，想以胡適之為橋梁，打通北大路線，表面不擁戴一個黨魁，暗中則以梁與蔡元培為其領導人；並打算以文化運動為政治運動的前驅。由於張東蓀反對黨教合一，此議遂被擱置。此次組黨雖未成，卻未嘗不是張君勱辦政治大學的契機，也是成立民社黨的一個遠因」。〔註 101〕

1923 年，「上海國立自治學院」（後改名為國立政治大學）的創辦則為張君勱組建國社黨起到很大作用。其間，他不僅在經費籌措、學校選址以及課程設置等基礎設施上投入大量心血，而且還廣邀學界名流來校任教和演講，除其摯友張東蓀外，諸如羅文幹、潘光旦、金井羊、朱亦松等。〔註 102〕自創辦開始，張君勱對國立政治大學「投注了很大精力」進行經營和運作，〔註 103〕其目的是培養具備憲政素質的政治人才，為中國的民主政治奠定基礎。在國立政治大學發展的同時，北伐國民革命也如火如荼地進行。1926 年 10 月，北伐軍到達武漢，為瞭解北伐的真實情況和國民黨的所作所為，張君勱暗中到武漢進行實地觀察，並寫成《武漢見聞》一書，對國民黨一黨專制提出嚴厲批評。〔註 104〕因此，北伐軍進入上海後，政治大學受到國民黨的查封而停辦。自治學院的創辦

〔註 99〕程文熙：《張君勱先生年表長編》，朱傳譽主編：《張君勱傳記資料》（2），臺北：天一出版社，1985 年，第 254 頁。

〔註 100〕張君勱：《與溯初吾兄書》，丁文江、趙豐田編：《梁啓超年譜長編》，上海：上海人民出版社，1983 年，第 898 頁。

〔註 101〕陶菊隱：《蔣百里傳》，北京：中華書局，1985 年，第 51～52 頁。

〔註 102〕程文熙：《君勱先生之言行》，朱傳譽主編：《張君勱傳記資料》（7），臺北：天一出版社，1985 年，第 29 頁。

〔註 103〕李達生：《國士：張君勱先生》（中），朱傳譽主編：《張君勱傳記資料》（7），臺北：天一出版社，1985 年，第 12 頁。

〔註 104〕參見張君勱：《武漢見聞》，上海：國立政治大學，1926 年。

不僅爲張君勱聚合了國社黨的發起成員，而且還培養了一批骨幹力量，如馮今白、蔣勻田、王世憲等後來均成爲張君勱的得力助手，以至於後來國社黨與中國民主憲政黨合併爲民主黨後，他們被民社黨內的「政大系」。〔註105〕

國立政治大學停辦後，張君勱被國民黨視爲反動人物，只能避居租界，以張士林爲筆名從事譯述工作，拉斯基的《政治典範》就在此時翻譯而成。譯介《政治典範》不但爲張君勱提供了相應的理論思考，還爲國社黨的成立聚集了一批人員。〔註106〕拉斯基作爲英國工黨的著名理論家和社會活動家，費邊社成員，長期執教於英國倫敦大學政治經濟學院，不少中國留學生受業於其門下，20年代在倫敦政治經濟學院受拉斯基指導的中國學生有錢昌照、陳源、徐志摩、羅隆基、王造時等；30年代師從拉斯基的有程滄波、龔祥瑞、鄒文海和吳恩裕等。他們回國後多在教育界、新聞界、政界任事，並且圍繞羅隆基、彭文應、王造時等形成一個費邊社會主義團體。〔註107〕他們或成爲國社黨黨員，或成爲國社黨的機關刊物——《再生》雜誌的作者群體。羅隆基、王造時在政治理念上與張君勱較爲相近，二人先後任光華大學任政治系主任，時值張東蓀也任光華大學文學院院長，王、羅二人便與二張成爲好友。〔註108〕初出茅廬的鄒文海、費孝通，留學期間對英國費邊社會主義興趣濃厚，非常敬仰翻譯拉斯基《政治典範》的張君勱，「而朱亦松和費孝通在國社黨內自然也和張君勱構成黨員與黨魁的關係」。〔註109〕

青年黨對張君勱組建國社黨也起到很大的幫助作用，政治大學被關停後，張君勱在上海與李璜合辦《新路》雜誌。其間，曾與「國內夙德」的胡石青就政治主張交換過看法。〔註110〕李璜也希望胡石青能加入青年黨陣營，

〔註105〕《國民黨中央聯秘處關於民社黨活動情況的報告》，《中國民主社會黨》，北京：檔案出版社，1988年，第375頁。
〔註106〕關於張君勱對《政治典範》譯介，詳見本文第二章第三節。
〔註107〕關於費邊主義的論述，可參見劉是今：《一個鮮爲人知的費邊社會主義宣傳團體——主張與批評派初探》（上、下），分別刊載於《廣西社會科學》2007年第12期、2008年第1期。
〔註108〕參見李璜：《談王造時與羅隆基》，《傳記文學》1981年總231期；趙廣誠：《王造時的悲劇下場》，《傳記文學》1981年總231期；沈雲龍：《光華大學雜憶》，《傳記文學》1981年總232期。
〔註109〕魏萬磊：《20世紀30年代「再生派」學人的民族復興話語》，北京：中國社會科學出版社，第72頁。
〔註110〕參見張君勱：《張東蓀先生八十壽序》，《中西印哲學文集》，臺北：學生書局，1981年，第1403頁。

由於理念略有差異，胡石青「旋晤張君勱，所見亦微有同異」〔註111〕。1929年春，爲了訓練青年黨黨務人員，李璜在上海英租界創辦知行學院，邀請名流前來授課，張君勱亦在被邀請之列。李璜與《新月》雜誌社中的人權派關係密切，羅隆基、梁實秋等人亦受邀到知行學院任教。張君勱教歐洲政治思想史，張東蓀講哲學概論，梁實秋教英文文選，羅隆基授行政學，諸青來講經濟學。〔註112〕一定程度上可以說，李璜及其創辦的行知學院對後來組建國社黨的研究系知識分子和人權派知識分子起了橋梁和中介作用。1927年新月書店在上海開辦後出版發行《新月》月刊，1929年春，胡適接手《新月》雜誌，開始將這份純文學的刊物轉爲兼論時事政治的園地。到羅隆基出任主編，《新月》已經成爲文人議政的戰場：針對國民黨的現實政治，高倡「人權」、「法治」。一時間，胡適、羅隆基變成人權派的代表人物，發表了大量文章。並以此爲基礎組織了一個討論社會和政治問題的團體——「平社」，「平社」議政的主要方式是聚餐會，潘光旦、梁實秋、羅隆基經常以種族、道德和政治爲主題做發言。〔註113〕「人權派」的學術興趣與張君勱、張東蓀的政治訴求較爲接近。人權派反對國民黨「訓政」下的一黨專政，要求廢除黨治，實行民主政治，發起「人權運動」，反對暴力革命，主張以改良方法和平演進。這與張君勱、張東蓀等研究系知識分子的主張不謀而合，因而他們合作的基礎和共識，也因此國社黨成立時，羅隆基、諸青來、羅文幹等相率加入。

二、國家社會黨的成立與運作

1929年1月，梁啓超去世，張君勱、張東蓀等繼續進行組黨活動。10月，張君勱赴德國耶拿大學任教，張東蓀仍留在國內籌劃組黨。1930年秋，張東蓀受司徒雷登邀請赴燕京大學任哲學系教授，先後與胡石青、徐君勉、湯住心、陳博生、羅文幹、諸青來等商議建黨事宜，將黨的名稱定爲「中國憲政黨」，並起草黨綱，等待張君勱回國後作最後決定。1931年9月，張君勱回國，亦任教於燕京大學，以爲「憲政黨」名稱太舊，遂改爲「國家社會黨」。〔註114〕

〔註111〕郭豫才：《胡石青先生之年譜》，《再生》1943年第87期。
〔註112〕李璜：《敬悼張君勱先生》，《傳記文學》1969年第14卷第4期。
〔註113〕胡適：《胡適日記全編》（5），合肥：安徽教育出版社，2001年，第396、403頁。
〔註114〕程文熙：《張君勱先生年表長編》，朱傳譽主編：《張君勱傳記資料》（2），臺北：天一出版社，1985年，第259頁。

國社黨的名稱在當時被人誤認為與希特勒的社會黨相同，《再生》雜誌在 1945 年第 104 期的黨派專號上曾提到：「本黨發起人，在定黨名的時候，確從學理上，世界趨勢上和國內環境上，下過一番功夫。」〔註115〕「中國國家社會黨，國人每誤認與德國希特勒政黨的性質相同，其實，希特勒所重才在民族，在日耳曼的血統，照其願意應譯為民族社會黨，根本上與本黨風馬牛不相及。」〔註116〕它們之間「既無關係，且不相同，前者為社會主義，後者為法西斯主義，吾人不可以其名詞相混淆，應以其性質而別異同」。〔註117〕為了避免讓人誤解，張君勱在《國家社會主義綱領》還特別強調二者的不同。〔註118〕

九一八事變極大地刺激了張君勱、張東蓀加快組黨的醞釀工作。1932 年 4 月 16 日國家社會黨成立於北平，〔註119〕由於「時以政府的壓迫，所以一切的活動都是秘密的」。〔註120〕5 月 20 日發起組織「再生社」，發行機關刊物——《再生》雜誌，「在北平設總部，在天津設特別區委，在上海武漢等地設立分部。武漢由南庶熙負責，上海由王造時、劉榮石負責，張君勱且往來平津魯豫間，指揮一切」。〔註121〕1934 年 7 月，國社黨在天津召開第一次全國代表大會，通過《國家社會黨政綱》和《國家社會黨宣言》，確立國社黨的組織架構，選舉張君勱及張東蓀、胡石青、徐君勉、黃任之、羅隆基、湯住心、梁秋水、陸敘百、諸青來、胡子笏等 11 人為中央總務委員。張君勱兼總秘書，總攬黨務，湯住心任組織部長，羅隆基任宣傳部長，梁秋水任財務部長。當時徐君勉任中國民主憲政黨總裁，以個人身份參加。對於國社黨的成立，作為張君勱的學生和國社黨黨員的蔣勻田後來回憶道：「憶國社黨創黨人宣誓成立時，亦極機密，即在舊國會議員胡石青先生的北京寓所。胡先生係創黨人之一，當天在他後院書房宣誓畢，他以主人身份，曾致互勉之詞。最使我銘心而永不能忘者：他說一黨專制之下，而組織反對黨，無論如何行動，總難

〔註115〕俊生：《中國國家社會黨》，《再生》1946 年第 104 期。

〔註116〕中國第二歷史檔案館：《中國民主社會黨》，北京：檔案出版社，1988 年，第 2 頁。

〔註117〕駱明夫：《論中國國家社會黨》，《更生評論》1938 年第 3 卷第 5 期。

〔註118〕記者：《國家社會主義綱領》，《再生》1935 年第 3 卷第 1 期。

〔註119〕參見程文熙《張君勱先生年表長編》，朱傳譽主編：《張君勱傳記資料》（2），臺北：天一出版社，1985 年，第 260 頁。

〔註120〕俊生：《中國國家社會黨》，《再生》1946 年第 104 期。

〔註121〕說文社編輯部：《國家社會黨》，《黨：中國各黨各派現狀》，重慶：說文社會出版，1947 年，第 1 頁。

免特工之追蹤。所以將來遭遇艱難，甚至被捕下獄，皆勢所難免。今天大家既下決心爲國家犧牲、爲民主鋪路，一切艱難危難，入監下獄，甚或犧牲生命，都應列在可能的預算中。今日如能如此預計，將來倘有不幸遭遇，始能臨難無苟免，而處之坦然」。〔註122〕

國社黨組織系統，分中央部、支部、分部三級。最高權力機關爲全國代表大會，大會閉幕後，爲中央部總務委員會，設總秘書一人，執行總務委員會之議決，並分設文書、財政、組織、宣傳四處，每處設正副主任各一人，其主要任務，在執行該黨總章，籌劃該黨財政，以及決定該黨對於政局之態度。此外中央部尚設有糾察委員會，與政務研究委員會。政務研究委員會下設政治、軍事、外交、經濟、文化等組。前者爲最高監察機關，後者則爲最高調查與立法機關。國社黨中央機關各部門均採委員制。總務委員七人，候補三人，由全國代表大會推選。糾察委員會委員三人，政務研究委員會委員若干人，皆由總務委員會推薦於全國代表大會選舉之。總務委員爲張君勱、張東蓀、陸鼎揆、盧幃昌四人。並以張君勱爲總秘書、張東蓀兼宣傳處主任委員，陸鼎揆爲文書處主任委員。〔註123〕

第一次全國代表大會後，在張君勱的領導下，國家社會黨對國民黨、共產黨和青年黨都進行批判：「以性質論，國民黨腐化，共產黨惡化，青年黨頑固化。以行動論，國民黨官僚化，共產黨土匪化，青年黨學究化。以主義論，三民主義混，共產主義激，國家主義舊。以時代測，國民黨爲前期革命，共產黨爲混時代的犧牲品，青年黨爲過渡時代的點綴品」。認爲「外強不可靠，政府不可靠，在朝有勢的國民黨不可靠，在野的共產黨不可靠，可靠者，惟有中國國社黨！」〔註124〕

1936年，國社黨召開第二次全國代表大會，選舉總務委員8人，即張君勱與羅隆基、張東蓀，北洋政府時代的軍人湯薌銘，前外交部長羅文幹和上海名流陸鼎揆及諸青來、盧幃昌。〔註125〕國社黨不設主席或委員長，只設總

〔註122〕蔣勻田：《中國近代史轉折點》，香港：友聯出版社，1976年，第74頁。
〔註123〕說文社編輯部：《國家社會黨》，《黨：中國各黨各派現狀》，重慶：說文社會出版，1947年，第3頁。
〔註124〕慈生：《論中國各黨派》，上海：讀者文摘出版社，1946年，第40頁。
〔註125〕張執一在《抗戰中的政黨和派別》一書中說國家社會黨還有執行委員若干人，梁實秋、梁秋水、徐公勉、黃炎培等人均爲執行委員。見張執一：《抗戰中的政黨和派別》，重慶：讀書生活出版社，1939年，第79頁。

務主任兼總秘書一人作爲最高領袖，這個職務一直由張君勱擔任，因此他是該黨負責實際工作的重要領導者之一。總務委員爲張東蓀、陸鼎揆、羅文幹、羅隆基、諸青來、湯薌銘、盧韋昌。組織部主任諸青來，宣傳部主任張東蓀，文書部主任陸鼎揆，其餘執行委員，有梁實秋、梁秋水、徐公勉、黃炎培。國社黨的地方組織，除陝、甘等省外，均有省黨部組織。其中江蘇、浙江、安徽、廣東、四川等省初具規模。黨員發展方面，1934 年召開第一次代表大會時，北平約 100 人，山東 140 人，四川 100 人，上海 50 人，漢口 50 人，天津 40 人，各地約 70 人。到 1938 年，總人數發展到一萬人左右。〔註 126〕這些黨員多爲分佈在張君勱、張東蓀教授過的學生中（青年黨黨員亦有轉入者），所以有人說他們的代表大會等於學生們在課堂裏聽講。〔註 127〕

　　魏萬磊在研究《再生》社學人群時，以張君勱爲中心，將《再生》社分爲五層關係：「門生、故舊、同鄉、親戚、一般朋友或同事」。〔註 128〕其實這五層關係也體現在張君勱籌建國社黨的人際網絡中，《再生》雜誌作爲國社黨的機關刊物，雖然，並非所有《再生》社學人都加入國社黨，但大多數人與國社黨黨員重合。成立之初，國社黨的成員主要來自三個方面：一是承續梁啓超的研究系和康有爲在海外的中國民主憲政黨，張君勱、張東蓀作爲研究系的骨幹分子是國社黨的發起人，勿需贅述。海外的中國民主憲政黨「以華僑作中堅」，長期以來主要在美國等地活動。康有爲去世後，徐君勉繼任憲政黨主席。國社黨在天津舉行第一次全國代表大會，徐君勉「以個人身份參加」，並被選爲中央總務委員會委員，憲政黨重要人物的梁秋水也成爲國社黨中央總務委員會委員。二是來自「人權派」和青年黨。三是來自國立政治大學的學生。國社黨活動的對象，也多屬於上層政治人物，活動地區主要以平津滬漢濟蓉各地學校爲主。〔註 129〕1934 年，國社黨在香港創辦《宇宙周刊》，與《再生》相呼應。〔註 130〕

　　張君勱在《立國之道》自序中提出：「鄙意凡爲民國之人，其責任一方爲

〔註126〕卓希陶：《中國現有黨派概況：國家社會黨》，《勝流》1946 年第 3 卷第 7 期。
〔註127〕張執一：《抗戰中的政黨和派別》，重慶：讀書生活出版社，1939 年，第 78～79 頁。
〔註128〕魏萬磊：《20 世紀 30 年代「再生派」學人的民族復興話語》，北京：中國社會科學出版社，第 71～73 頁。
〔註129〕卓希陶：《中國現有黨派概況：國家社會黨》，《勝流》1946 年第 3 卷第 7 期。
〔註130〕程文熙：《張君勱先生年表長編》，朱傳譽主編：《張君勱傳記資料》（2），臺北：天一出版社，1985 年，第 260 頁。

保存民國締結之傳統，他方不絕注意世界思潮，於斟酌去取之中，指示我們的出路。……況且抗戰前後，吾國介於世界兩戰潮流對峙之中，在經濟上言之，一方為資本主義，他方為共產主義；就政治上言之，一方為十九世紀式之民主政治，他方為俄意德之反民主政治。吾中華民國苟不願為世界兩大壁壘所拉扯，惟有超然兩者之上，自求解決之法。」〔註131〕超越於資本主義與共產主義、超越於國共之外另尋出路，是張君勱組建國家社會黨的重要原因之一。

國家社會黨成立後，既反對共產黨政策主張，也反對國民黨的一黨獨裁，因此在受到共產黨人批判的時同，還遭到國民黨的打壓，機關刊物《再生》雜誌被國民黨列為「反動刊物」查禁。甚至張君勱的譯著也被「收集起來，搭了七個塔，一舉而焚燒之」。〔註132〕直到抗戰爆發，國家社會黨的合法地位才得到國民黨的承認。

三、國家社會黨的理論和綱領

國家社會黨的理論和綱領主要體現在《我們所要說的話》和《國家民主政治與國家社會主義》兩篇文章中，《我們所要說的話》長三萬餘言，署名記者發表於《再生》雜誌創刊號，實由張君勱、張東蓀和胡石青三人共同起草，張東蓀執筆完成，這篇文章全面闡述了國家社會黨對於中國政治、經濟和教育的主張，並提出了98條綱領。而在《國家民主政治與國家社會主義》一文中，張君勱則將這些主張系統化。

國社黨的政綱，「以建立國家之新制度，開拓社會之新局面為宗旨」，所謂新制度即「絕對的愛國主義與漸進的社會主義」。〔註133〕國社黨的政綱和主張也圍繞「絕對的愛國主義」和「漸進的社會主義」這一理論展開。關於「絕對的愛國主義」，張君勱將其概括為五點：「（一）人民之所以愛國，不是為自國家手中得到利益；（二）即在國破家亡中，不特無好處可得，反而有害處可受，而愛國之心應仍舊絲毫不減；（三）不因強者戰勝之故，輕易受人威協而背叛其祖國；（四）在國破家亡後之愛國心，即為民族復興之根

〔註131〕張君勱：《立國之道》（自序），上海：商務印書館，1947年。
〔註132〕張君勱：《廿餘年來世界政潮激盪中我們的立場》，《再生》1946年第108期。
〔註133〕說文社編輯部：《國家社會黨》，《黨：中國各黨各派現狀》，重慶：說文社出版，1947年，第4頁。

據；（五）所以愛國，不是爲求國家之酬報，乃是行其心之所安。」〔註134〕儘管「絕對愛國主義」是在面臨日本入侵的嚴重民族危機下提出，但還是受到時人的批評：「爲什麼要愛國？當國家還沒有形成的時代，人們尙無國家觀念，亦無愛國的根據，上帝並沒有安排下人類與生俱來的愛國絕對條件。但可以要絕對愛國，先要問何以有國？簡單說：就因國家對他們全體的生命、歷史、文化的保障與繁榮，較諸民族的單純集團爲更有利而已。人民之所以要愛國，甚至要絕對的愛國，就因可自國家手中得到此種利益。說是『乃心之所安』，心所安，也明明是一種利益。人民只有義務，卻沒有權利，是不可思議的事。」〔註135〕

關於「漸進的社會主義」，即主張現有制度，加以改良，而反對暴力革命，提倡以和平緩進手段實行計劃經濟，對工業加以管理，在農業方面化佃農爲自耕農。國社黨的第一次大會宣言主張：「當取法蘇俄之計劃經濟，而務免其經過之犧牲，當採用美國之統制方法而務棄其枝節之不屑。」〔註136〕在《國家社會主義綱領》中，國社黨提出：「以國家力量使民族有一體之自覺；社會盡協合之機能；個人得自由之發展」。概括言之，名之曰國家社會主義，這也是國社黨改造中國爲近代國家整個計劃的最高原則。〔註137〕在絕對的愛國主義和漸進的社會主義理念下，國社黨的政治綱領可概括爲：國家民族本位，修正的民主政治和社會主義。

修正的民主政治和社會主義基本以張君勱的主張爲準，前文已有詳細討論。下面主要探討一下「國家民族本位」和「文化教育」兩項主張。處於內憂外患時期的知識分子，在思考解決當時社會問題和國家出路時，普遍帶有民族主義傾向，張君勱及其創建的國社黨也同樣如此。誠如論者指出，民族國家的建立自始可被視爲民族主義運動的產物，民族意識與對民族共同體的歸屬感帶來的民族認同，正是近代國家認同形成的基礎。〔註138〕張君勱提出民族的建構必須有三個基礎：即自信、意力和思想，承認不同的民族在思想

〔註134〕張君勱：《絕對的愛國主義》，《路向》1938 年第 4 期。

〔註135〕慈生：《論中國各黨派》，上海：讀者文摘出版社，1946 年，第 38 頁。

〔註136〕說文社編輯部：《國家社會黨》，《黨：中國各黨各派現狀》，重慶：說文社會出版，1947 年，第 4 頁。

〔註137〕記者：《國家社會主義綱領》，《再生》1935 年第 3 卷第 1 期。

〔註138〕韓軼：《從「民族認同」到「憲法認同」——立憲主義視角下民族與國家關係之反思與重構》，《法學評論》2011 年第 3 期。

上都有其獨特之處，從而始終對本民族文化充滿自信，如此才能眞正保持民族有「統一的意力」，張氏所強調民族的三個因素是互相聯繫的。實際上，他認爲建立現代的國家不能完全拋棄民族賴以存續的傳統的基礎，因此對於本民族的歷史不但不能妄自菲薄，而且要充滿自信。〔註 139〕

　　作爲國社黨的發起者和領導人，張君勱指出，「民族觀念之混沌如吾國者，世所罕見也，凡爲人民者，於自身之種族與其種族之歷史尚不能眞切認識，其朝秦暮楚，抑何足怪，至於所以扶植本國所以抵抗外國者，在彼視之直爲不關痛之事，此乃數十年改建新國之舉，屢試而無成之總原因也。」〔註 140〕「民族」與「國家」是「兩種不同的結構和原則的融合，一種是政治的和領土的，另一種是歷史的和文化的。」〔註 141〕就立國訴求而言，張君勱及其國社黨所要建構的「國家」以近代西方所興起的「民族國家」爲典範，但又突破「由同一個民族（或主要由一個民族）所構成的政治共同體」，〔註 142〕而是建立在「大民族主義」基礎上現代民族國家。民族所反應的是歷史文化傳統，在國家層面呈顯的是主權範圍，體現著內部的整合以及國與國之間的認同，強調歷史文化傳統不能忽略國家的現代維度。現代民族國家意味著民族與國家的融合，民族國家的建立不僅是政治建構的過程，同時也是文化融合的過程。這也是張君勱及國社黨提出國家民族本位的立足點。

　　在其綱領性文獻——《我們所要說的話》中，國社黨強調：「我們相信民族觀念是人類中最強的。階級觀念決不與之相抗，無論是以往的歷史，抑是目前的現象，凡民族利害一達到高度，無不立刻衝破了階級的界限。日本人壓迫我們到這種地步，雖平日在對抗中的資本家與勞工，平日在仇視中的人民與軍隊，亦卻不由得不聯合一氣，從事於抵抗。所以民族觀念是深中於人心而較階級爲強，……只有民族的縱斷而能衝破階級的橫斷，卻未有階級的橫斷而能推翻民族的聯合。」以蘇俄爲例，他們認爲其成功之處，「不在階級鬥爭的國際化，只在社會主義的民族化」。中國民族文化具有同化力，每遇到外侮，民族意識結合得愈堅愈強。救國者不可忘卻民族的結合一體，而要使

〔註 139〕馮峰：《「國難」之際的思想界》，西安：三秦出版社，2007 年，第 87～88 頁。

〔註 140〕張君勱：《中華民族之立國能力》，《再生》1932 年第 1 卷第 4 期。

〔註 141〕〔英〕戴維·米勒、韋農·波格丹諾編：《布萊克維爾政治學百科全書》，鄧正來譯，北京：中國政法大學出版社，1992 年，第 490 頁。

〔註 142〕江宜樺：《自由主義、民族主義與國家認同》，臺北：揚智文化事業股份公司，1998 年，第 139 頁。

他復興又必須有下列條件：一、有一個極大的智慧；二、是全民心坎中的要求；三、有由漸而擴大的信用；四、有最後而決不輕易使用的實力。這樣的復興，就可以消除一切私人個別的「上層建築」，而達到一個共同利益作其「下層建築」。〔註143〕

在文化教育上，國社黨提出：發揚民族文化，普及國民教育；增進人民生產能力；厲行公民訓練；養成共同生活之道德習慣；提高貢獻於人類之學術研究；保障思想自由與學術獨立；並使人民不因財產限制而失其受教育之平等機會。國社黨認為，「文化中之第一事，為思想問題」，戰國時代，百家爭鳴，為中國文化最發達時代，可知思想自由與學術發達有不可分離的關係。因此，欲求思想自由之實現，宜行下列各事：第一、大學教育，應超於黨派政治之外；第二、大學教授，須享受嚴格之保障；第三、為言論出版之自由。如果政府誠能奉公守法，自然不以人民之批評為懼。坐言之人民才有起而行的機會，如此，自然能去除專發漫罵或不負責任之言論，此皆視政府平日所養成者如何，而非一味壓制所能有效。

國社黨認為，「現時教育之大病有二：一曰四萬萬人中大多數未受教育；二曰受教育者未必能受好教育。」所以「普及教育為當今急務，並應限定年月，從速進行。即令不能實行正式之義務教育，應施行鄉村試驗區平民教育或千字課教育，二三年之內，使全國無一不識字之人民，則人人都有知識，可以有益於國家，而不至陷於賣國奸細之地位。」同時主張「大學地位，應超然於黨派政治之外，專事學術上研究責任。至於中學，不僅會考為改良惟一方針，應先將中學師資嚴加以甄別。中學師資之地位提高，中學學生之程度，亦因之而提高矣。就全國教育之普通目的而言，應有三個標準：第一，生產能力普遍化。全國中學小學及專門學校，應與其所在地之產業，發生聯絡，所有學生，於講堂功課以外，同時從事於生產練習，畢業之後，自然養成一種生產技能。第二，軍事訓練普遍化。全國學生在物質方面，要養成能耐勞苦的習慣，造成強健身體。在精神方面，須培成勇敢犧牲服從奉公守法的道德，有事之秋，一呼而集，可以執干戈為國家抵禦外侮。第三，團體生活普遍化。數千年來之吾國，對外既無交通，對內專以明哲保身為能事。今環我而立之英美德法日諸國，其國民平日在政治上與聞國家大事，或開會、或議事、或入政府，皆能有共同合作之精神。此為近代國家最重要之基礎，

〔註143〕記者：《我們所要說的話》，《再生》1932年第1卷第1期。

尤爲吾國人民首當養成者。吾國人之共同生活，曰三人以上之團體，各鬧意見或養成小組，是促國家之滅亡也。今後共同生活之習慣，或曰公平競爭之精神，或曰對外患時舉國一致之精神，皆吾國公民教育中所當先培植者也。」總之，國社黨「所主張之教育，是爲有計劃之教育。凡政治人才，工商人才與夫教育人才，皆視各方面所需要後從事養成。所以養成人才者，務須貫徹國家立國之大計，是乃爲國家而教育，非徒爲一人一黨計，而置民族立國之大目的於不問也。」〔註144〕

在面臨著嚴重民族危機的情況下，加強政府的權力和提高運作效率是當務之急，但給政府以便宜行事的權力「不可有虧於公平與自由」，因此，在國家、社會、個人之間達成平衡尤爲重要。國家層面「力求效能增進」，社會層面「確立平等基礎」，而個人則要「保持個性自由」。達到這一目的的前提是：「於政治是把根據效率的科學與個性差別的科學以與站在平等原理上的民治主義調和爲一；於經濟是把易於造產的集產主義與宜於分配的普產主義以及側重自治的行會主義調和爲一；於教育是把淑世主義與自由主義調和爲一」。〔註145〕

爲了進一步具體化上述主張，張君勱先後發表了《國家民主政治與國家社會主義》、《法制與獨裁》、《民主獨裁以外之第三種政治》等一系列文章，進一步就「修正的民主政治」和「國家社會主義」的問題作出系統闡述。《我們所要說的話》和《國家民主政治與國家社會主義》兩文，可以說是中國國家社會黨的政治綱領，「其後《再生》的中心理論，與『國社黨』以迄改組爲『中國民主社會黨』之黨綱，都以上述兩篇文章爲依據。」〔註146〕

小結

根據張君勱思想脈絡的發展演進，以上從「修正的民主政治」和「國家社會主義」思想以及組建國家社會黨的政治實踐三個方面，展現張君勱在1930年超越左右的現代化立國之道。將張君勱的思想置於當時特殊歷史語境中，修正民主政治不是曲解民主政治的本質，也並非未曾全面理解民主政治而作

〔註144〕記者：《國家社會主義綱領》，《再生》1935年第3卷第1期。
〔註145〕記者：《我們所要說的話》，《再生》1932年第1卷第1期。
〔註146〕李日章：《張君勱年表》，朱傳譽主編：《張君勱傳記資料》（3），臺北：天一出版社，1985年，第29頁。

出的誤讀。而是在深入審視民主政治的基礎上進行相應揚棄處理，建構適合特殊時期中國社會發展的學理論證和制度基礎。早留學日本時，張君勱就強調準確理解民主政治思想的重要性。〔註147〕修正的關鍵是「行政效率的提高，實在與民主政治根本上不相衝突」〔註148〕。「修正的民主政治」方案是爲中國而設計，但在國共兩黨以武力爲後盾的強勢政黨面前，他的政治構想不可能得到現實。當然，解決問題與否不是判斷思想價值的唯一標準，因爲不是所有的思想理念都有機會進入政治實踐層面，解決當下問題故然重要，如果能爲某些具體問題提供啓示，或爲後來的發展提供可資參考也同樣有意義。縱觀張君勱「修正的民主政治」，及其演變對思想脈絡，體現出他對民主政治在中國實施方案的學理性思考，把民主理念轉化爲制度性的實際方案，不但符合實現民主的有效路徑，而且也有利於動蕩轉型的中國社會對民主的理解與吸收。張君勱結合國內政治的演進和國際思想潮流的發展，對民主進行審慎的調整與修正，無疑是對民主理論的一次學理探討。

　　張君勱之所以在「社會主義」之前冠上「國家」之名，強調的是特殊時期國家在經濟發展中的統籌作用，因此，他不僅將計劃經濟看成是實現社會公道的有效手段，而且將它看成是實現民主、自由的基礎。他在《立國之道》中主張，「應站在民族的立場上，爲謀國家公私兩種經濟之建設。工人因應保護，但以不妨害社會與民族爲標準。資本家亦有其應得之利益，但亦以不妨害全民族全社會之利益爲標準。」〔註149〕他強調國家在實行社會主義中的主導作用，同時主張公有制與私有制經濟的混合發展，來推動民族經濟建設。資本主義的放任政策，造成財富集中於少數人手中，難以實現社會公道。通過實行國家主導的計劃經濟，爲實現社會公道提供了可能性，而且還能實現民族經濟的獨立自主。簡而言之，張君勱的國家社會主義思想就是強調國家計劃下的公私經濟混合發展的社會主義思想，以期實現「民族自活」和「社會公道」兩大目的。

　　組建國家社會黨是張君勱重要政治活動之一，也是他企圖以社會主義改造

〔註147〕張君勱指出：「西方政史上微言大義，一旦東來，每爲學者所附會，亦既於日本見之矣，若今日號稱先覺之士之所鼓吹者，竊恐今後之革新，竟乃背於西方政治進化之成例，而不免爲昔日歷史一度之纞染，是寧國家前途之福哉！」張君勱：《約翰穆勒議院政治論》，《新民叢報》1906年第4年第18號。
〔註148〕記者：《我們所要說的話》，《再生》1932年第1卷第1期。
〔註149〕張君勱：《立國之道》，上海：商務印書館，第227頁。

中國的政治嘗試。在張君勱的運作下，國家社會黨以「民族一體、社會公道和
個人自由爲三大基本事項。」提出國家社會主義全方案中之根本概念：立國方
案，採取歐美各國之長而調和之，「政治方面，如權力集中與個人自由之調和；
經濟方面，如私有財產與社會公道之調和；文化方面，有維持固有道德與吸收
世界新潮之長。而其行也，必須能容納眾流，彼此合作，向同一目標以進行。」
〔註 150〕雖然國社黨的成立不能說完全是張君勱一人的功勞，但他作爲領軍人
物的作用卻不可否認。之所以如此，一方面由於張君勱留學日本德國，具有深
厚的學理素養，熟悉民主政治運作程序；另一面，張君勱在之前的政治和教育
活動中積累了相應的人脈基礎，如政聞社、共和建設討論會、松社、講學社等
研究系的相關活動中，均有張君勱的身影；通過創辦國立政治學院，又培養了
蔣匀田、王世憲、孫寶毅、馮今白等黨員骨幹，牟宗三也對張君勱執弟子禮。
此外，張君勱提出「尊社會之公益，而抑個人之私利」，通過「社會所有」、「公
私共有」的混合經濟制度，解決私人資本的集中和壟斷問題。這與羅隆基的「實
行專家政治」，「要求財政管理權」；與張東蓀的「學術獨立與言論自由」、「基
爾特社會主義」都沒有衝突。〔註 151〕所以才會有人認爲，國社黨的成立，「在
中國政治上，和文化思想界，實有莫大之意義，及深刻之影響，因張君勱等在
國內學術界既負時望，高瞻遠矚。」〔註 152〕

　　儘管受拉斯基、狄驥（Duguit）等人「多元主義」國家立場的影響，張君
勱認同拉斯基對國家、社團和個人的劃分，但在面對外敵入侵的嚴重民族危
機下，他並不贊成分割國家「主權」，反對將國家作爲個體欲望滿足的工具。
在與人權息息相關的個人自由與國家權力上，張君勱所要思考的不僅僅只是
個人自由的價值訴求，還有民族國家的利益所在。自由和權力的輕重，「得依
它的環境情勢與時代要求而設法變化之，以得適應」；〔註 153〕存亡絕續之交，
不應以個人凌駕於國家之上。權力和自由的範圍是：「行政貴乎捷速與號令統
一，故應以之屬之於國家權力；思想與創作的工作，出於心靈之思索與修養，
故應以之劃入自由的範圍。」〔註 154〕不可否認，「既要排除困難，一切政策應

〔註 150〕記者：《國家社會主義綱領》，《再生》1935 年第 3 卷第 1 期。
〔註 151〕戴晴：《在如來佛掌中：張東蓀和他的時代》，香港：香港中文大學出版社，
　　　　2009 年，第 214～215 頁。
〔註 152〕駱明夫：《論中國國家社會黨》，《更生評論》1938 年第 3 卷第 5 期。
〔註 153〕張君勱：《我們所要說的話》，《再生》1932 年第 1 卷第 1 期。
〔註 154〕張君勱：《國家民主政治與國家社會主義》，《再生》1932 年第 1 卷第 2 期。

向此目標進行，自然一切權力應集中於政府之手，讓政府放手去做，用不著像 19 世紀議會可以多方牽制政府」，這種主張偏重政府的權力，也是張君勱飽受批評的地方。其實，以此作爲判斷張君勱具有集權傾向，還失之於草率。加強國家權力是否以犧牲人權爲代價或者忽視個人自由的保障，這才是眞正考量張君勱思想內涵的關鍵。綜觀張君勱的言論和主張，並沒有因爲加強國家的權力而忽略個人自由，他曾多次表明，國家積個人而成，個人雖入於國家之中而受其統治，受其拘束，「然仍自有其心思，自有其行動，惟其然也，思想之推進，社會之改造，皆由個人起而任之，故雖有民族精神與社會條件之牽制，而其所以推進之者，仍不離乎個人，此所謂不可但知有國家而忽個人也」。〔註155〕主張給政府便宜行事的權力，同時也捍衛民主政治的價值，將制度思考視野跳出非左即右的邏輯，力圖以權力適度集中補救民主政治的效率相對低下的問題。在國家發展面臨資本主義與社會主義選擇的衝突時，張君勱也沒有採取非此即彼的態度，而是從國家、社會、個人關係命題理性回應思潮的挑戰。張君勱 1930 年代的社會主義思想，進一步具體化了之前「個人自由與社會公道」的理念，不但提出價值層面的立國思考，而且還設計出可具體操作的相關措施。張君勱超越左右的制度審視，已十分接近戰後歐洲流行的「第三條道路」。

〔註155〕張君勱：《未完之國家哲學初稿》（四），《再生》1937 年第 4 卷第 8 期。

第四章　憲政框架下的社會主義表達：
　　　　張君勱立國思想的成熟與定型

　　抗日戰爭全面爆發後，張君勱於 1938 年 4 月代表國家社會黨與國民黨交換信函。[註1] 1938 年 6 日，國民參政會召開。並於同年 7 月，張君勱以國家社會黨黨魁身份參加國民參政會第一屆第一次會議，會上張君勱以最高票當選參政會駐會委員，國家社會黨也由此獲得了政治參與的合法性身份。在國民參政會上，具有官方身份——「參政員」的張君勱，先後提出《刷新政本以利抗戰案》、《請確立民主法治制度以奠定建國基礎案》、《請結束黨治實施憲政以安定人心發揚民力而利抗戰案》與《改革政治以應付非常局面案》等一系列督促國民黨實行民主政治的提案。鑒於當時國共之外的黨派團體力量弱小，張君勱聯合其它民主黨派，於 1941 年 3 月在重慶秘密成立中國民主政團同盟，希望以此制衡國民黨的專制獨裁。在修正民主政治的理論框架下，張君勱在《期成憲草》[註2] 中設置了國民大會議政會，其用意在黨治結構中引入議會制要素，從而推動國民黨結束黨治，實行憲政。

〔註1〕　張君勱致函蔣介石汪精衛要求國民政府保障人權，實行民主政治。蔣介石與
　　　　汪精衛在覆函中明確表示同意保障「言論出版結社集會之自由」，參見《國家
　　　　社會黨代表張君勱致蔣介石汪精衛書》、《蔣介石汪精衛覆張君勱書》，《中國
　　　　民主社會黨》，北京，檔案出版社，1988 年，第 79～82 頁。
〔註2〕　《期成憲草》，即 1940 年 3 月國民參政會下設的憲政期成會在五五憲草的基
　　　　礎上修改後的憲法草案，全名爲《國民參政會憲政期成會提出中華民國憲法
　　　　草案（五五憲草）之修正草案》。

　　1941 年底，國民黨當局懷疑張君勱是昆明學生遊行抗議的幕後主使，〔註3〕甚至被誣陷與敵偽及德國國社黨有聯繫，〔註4〕據此查封他主辦的大理民族文化書院，並軟禁於重慶汪山。在被軟禁的兩年中，張君勱歷經幼子夭折的變故。儘管如此，他依然為國家民族的未來進行殫精竭力的思考，並先後於《再生》、《東方雜誌》和《民憲》等刊物上發表《人民基本權利三項之保障——人身自由、結社集會自由、言論出版自由》、《英國大憲章提要》、《現代憲政之背景》、《兩時代人權運動概論》、《法國人權協會之人權宣言》等一系列文章，〔註5〕從保障人權的角度對民主政治思想進行與時俱進的新調適。

　　1945 年抗戰勝利，對思考現代化立國的張君勱以及其他自由主義知識分子而言，民族危機消失，中國的民主建國進入到重要轉折時期。民主憲政和社會主義的立國訴求再度彰顯出來，在「和平」、「民主」成為建國主題的情況下，政治選擇的可能性增加。各種政治勢力紛紛表達其政治見解，雖然具體主張各不相同，但和平、統一、民主、團結成為相對一致的訴求。儘管抗戰勝利喜悅帶給知識分子對民主前景的短暫遐想，但在國共以武力為後盾的強勢對峙中，內戰一觸即發。1946 年 8 月，張君勱領導的國家社會黨與海外的中國民主憲政黨〔註6〕合併成立中國民主社會黨，致力於促動民主憲政實施和社會主義的實行，力圖對國共之爭的政治格局產生影響，希望走超越兩黨

〔註3〕 1941 年底，香港淪陷前夕，國民政府派往香港救援愛國人士的專機返渝時，機上運輸有幾條被認為是孔祥熙二女兒的洋狗，由此引昆明學生上街遊行。

〔註4〕 蔣介石侍從室高級幕僚唐縱在日記中記載，1 月 12 日「陳主任囑我整理國社黨材料尤其注意張君勱與敵偽及德國社黨之關係，似政府已準備對國社黨有所處置。」27 日蔣介石命康澤赴昆明調查學潮運動，「結果與國社黨無關。」參見《在蔣介石身邊八年——侍從室高級幕僚唐縱日記》，北京：群眾出版社，1991 年，第 250、253 頁。

〔註5〕 此期間，張君勱發表與憲政、人權相關的文章有：《人民基本權利三項之保障——人身自由、結社集會自由、言論出版自由》，《再生》1944 年 94 期；《英國大憲章提要》，《東方雜誌》1944 年第 40 卷第 1 號；《現代憲政之背景》，《東方雜誌》1944 年第 40 卷第 7 號；《兩時代人權運動概論》，《民憲》1944 年第 1 卷 9 期；《威爾斯氏政治思想及其近作人權宣言》，《民憲》1944 年第 1 卷 10 期；《法國人權協會之人權宣言》，《民憲》1945 第 1 卷 12 期；《邱吉爾氏民主政治標準七事釋義》，《民憲》1945 年第 2 卷第 1 期。

〔註6〕 中國憲政黨由康有為弟子徐勤、伍憲子、梁朝傑等人創建，源於強學會、保國會、維新會。最初活動於清朝末年，初名憲政會，後改名中國憲政黨。長期以來主要在美國等地活動。1945 年 11 月 11 日在加拿大舉行全美黨員代表大會，改名為「中國民主憲政黨」，選伍憲子為主席，李大明為副主席。

武力之外的「第三條路線」。張君勱以中國民主社會黨爲依託，多次規勸國共雙方用和平方式解決政治問題，通過具體政治活動闡述其憲政框架下的社會主義立國訴求。張君勱的社會主義思想緊扣中國政治的演進和國際潮流的變化，並且通過實際政治參與表達出來。

第一節　憲政框架下的社會主義

自 1938 年出版《立國之道》，系統闡述其社會主義的具體主張後，張君勱忙於從事與抗戰相關的各種事項和民主憲政運動，在其論著中較少論及社會主義。抗戰勝利後，國共雙方作爲主導中國政局的政治勢力在建國問題上相持不下，主張走中間路線的張君勱歷經運作國社黨的政治實踐和抗戰期間的民主憲政運動，再度提出以民主社會主義作爲解決時局問題的方案。爲此，在張君勱的主導下，國家社會黨和民主憲政黨合併組成中國民主社會黨，在理念上繼承 1930 年代「修正的民主政治」和「社會主義」的主張。並結合國際潮流提出「民主社會主義」，即政治上的民主主義與經濟上的社會主義相結合；反對暴力革命和國民黨一黨專政等，希圖在中國建立超階級、超黨派的民選政府。

一、抗戰中的政治活動與戰後的憲政主張

抗戰期間，張君勱所從事的政治活動始終圍繞著推動國民黨結束一黨專政、實行民主憲政展開。抗戰伊始，張君勱「深信國家民族到了危急關頭，不論在朝在野，應本『舉國一致』之，爲政府後盾，從前政見之爭，應一切置爲後圖，先將敵人驅除以後再說。」〔註7〕因此，蔣介石邀請名流學者到廬山開國難會議，張君勱亦應邀參加。他批評蔣介石召開的廬山座談會，用意雖善，但從政治上說，仍是傳統禮賢政治的範疇。「現代的政治決不只是幕僚的政治，幕僚是個人左右的諮議」；「現代的政治不是禮賢的政治」，重要的乃是一個國民大會，乃是一個舉國一致政府的組織。廬山禮賢所表示的政治方式還是中國傳統的政治方式，「禮賢的政治意義是表示中國政治尚沒有現代化，且亦沒有向現代化走的意圖與預備」。張君勱明確提出其立國思想中的政

〔註 7〕 張君勱：《吾人立場與民族生存戰爭中之三字決》，《時事類編》1937 年第 3 期。

治現代化主張：中國的現代化是「勢所必趨」，現代化的根據在於社團與政黨的扶持與保障；現代化的政治方式是集團的、權利的，不是個人的、禮賢的；政府須建築在社團與政黨之上；現代政治要從扶助並預備建築近代政府的根據以向開明路上走。〔註8〕

　　國民參政會剛召開，張君勱就明確指出，「至於這次參政會，能不能由此樹立中國民主制度的基礎，這要看政府怎樣去做。」〔註9〕1938年7月，張君勱在國民參政會第一屆第一次會議上擬提《清明政本以救危亡建議案》，因同人擔心「其言過於激切」而擱置。〔註10〕鑒於廣州、武漢先後失守，1938年10月，在參政會第一屆第二次會議上，張君勱提出《刷新政本以利抗戰案》，指出「武力之運用，與後方政治實有子母相生之關係」國民政府應當「擴充國民參政會權限，改為監督機關」；「確立一秉至公之標準，以吸收全國之人才」；要求國民黨政府改變一黨專制的局面，加快政治民主化的進程。〔註11〕1939年2月，在參政會第一屆第三次會議上張君勱與周覽等人提出《請確立民主法治制度以奠定建國基礎案》，要求「政治之應以民主及法治為基礎，允成建國之原則，亦為國人所共識」。〔註12〕1939年9月，在參政會第一屆第四次會議上，張君勱領銜提出《請結束黨治實施憲政以安定人心發揚民力而利抗戰案》和《改革政治以應付非常局面案》，〔註13〕督促國民黨結束黨治，實施憲政。這次會議達成《召集國民大會實行憲政決議案》，蔣介石作為參政會議長根據會議中達成的方案，指定張君勱、黃炎培、周覽為憲政期成會召集人，負責國民參政會憲政期成會。在張君勱等參政員的努力下，1940年3月20日召開的憲政期成會完成對「五五憲草」的修改，提出《國民參政會憲政

〔註8〕 張君勱：《廬山禮賢之政治意義》，《再生》1937年第4卷第8期。

〔註9〕 孟廣涵主編：《國民參政會紀實》（上），重慶：重慶出版社，1985年，第88頁。

〔註10〕 張君勱在提案中提出四點建議，一是「昭示立國復土之決心」；二是「檢討過去設施，力謀庶政革新」；三是「曉國人以甘受偏名，屈膝外人之恥辱」；四是「改造人民生活風氣以振偷惰」。張君勱：《清明政本以救危亡建議案》，《再生》1947年第172期。

〔註11〕 張君勱：《刷新政本以利抗戰案》，孟廣涵主編：《國民參政會紀實（續篇）》，重慶：重慶出版社，1987年，第93～94頁。

〔註12〕 張君勱、周覽等：《請確立民主法治制度以奠定建國基礎案》，孟廣涵主編：《國民參政會紀實》（上），重慶：重慶出版社，1985年，第470頁。

〔註13〕 參見孟廣涵主編：《國民參政會紀實》（上），重慶：重慶出版社，1985年，第584～588頁。

期成會提出中華民國憲法草案（五五憲草之修正草案）（又稱《期成憲草》），並在同年 4 月 1 日召開國民參政會第一屆第五次會議上，張君勱就草案相關修改向大會作出說明。

第一屆參政會結束後，國共兩黨關係開始惡化並衝突不斷。民主環境也急劇惡化，國民黨大肆打壓民主黨派人士，多人被逮捕，被監視。張君勱等人深感中間黨派如不聯合起來將無力左右政局，只能徹底成為看客。於是，張君勱以國社黨聯合其它民主黨派，於 1941 年 3 月 19 日在重慶上清寺特園秘密成立中國民主政團同盟，主張結束黨治，實行民主憲政，保障人民的自由與權利，實現軍隊國家化。在成立後發表的「十大綱領」中，民盟提出：（一）貫徹抗日主張，恢復領土主權之完整，反對中途妥協；（二）實踐民主精神，結束黨治，在憲政實施之前，設置各黨派國事協議機關；（三）加強國內團結，所有黨派間最近不協調之點，理應根本調整，使進於正常關係；（四）督促並協助中國國民黨切實執行抗戰建國綱領；（五）確立國權統一，反對地方分裂，但中央與地方須為權限適當之劃分；（六）「軍隊屬於國家，軍隊忠於國家，反對軍隊中的黨團組織，並反對以武力從事黨爭；（七）屬行法治，保障人民生命財產及身體之自由，反對一切非法之特殊處置；（八）尊重思想學術之自由，保護合法之言論出版集會結社；（九）在黨治結束，應注意下列各點：「嚴行避免任何黨派利用政權在學校中及其他文化機關推行黨務；政府一切機關，實行選賢舉能之原則，嚴行避免為一黨壟斷及利用政權吸收黨員；不得以國家收入或地方收入，支付黨費；取消縣參議會及鄉鎮代表考試條例。」（十）「屬行後方節約運動，切實改善前方待遇；糾正各種行政上妨礙生產之措施，以蘇民困，並力謀民生之改善；健全監察機關，切實為各種行政上弊端之澄清」。〔註 14〕

1941 年底，張君勱因受到國民黨的軟禁，活動受限，故重心轉移到撰寫倡導人權的相關文章，要求國民黨按照現行法律充分保障人權。1944 年 12 月，軟禁獲釋張君勱赴美參加太平洋學會會議，並留在美國參加聯合國成立大會；1945 年 12 月由美赴英考察工黨成績；1946 年 1 月 16 日返回重慶參加政治協商會議。在政協會議的小組討論上，各政治勢力圍繞中國應採取何種憲法問題展開激烈爭論。國民黨要求實行孫中山提出五權憲法，主張以「五五

〔註14〕　《中國民主政團同盟對時局主張綱領》，《民主同盟文獻》，中國民主同盟總部印，1946 年，第 4～5 頁。

憲草」爲藍本；共產黨傾向於蘇聯式憲法；民盟、青年黨等以及無黨派人士多主張英美式憲法。張君勱提出調合各派的折中方案，即以五權憲法之名行英美憲法之實。張君勱不贊成「由十個委員會起草」的提議，認爲「憲草有如一篇文章有如一幅畫，不能分開來作」。「若由十個委員會合作，甲會以乙會爲不對，乙會以丙丁等會爲不對，將來不知甚麼時候才能完成」。因此，張君勱獨自草擬了一部憲法草案，爲平衡各方政治訴求，在起草時堅持三個原則：「（一）歐美民主政治與三民五權原則之折衷；（二）國民黨與共產黨利害之協調；（三）其他各黨主張之顧到」。〔註15〕

　　草案起草完畢後，爲宣傳自己的憲政理論和憲法內容，1946 年 7 月，張君勱在上海進行一系列相關演講，並集結爲《中華民國民主憲法十講》一書，系統闡述了什麼是憲法？國家爲什麼需要憲法？中國憲政何以至今沒有確立？以及憲政的基本結構和運作機制等具體問題。進一步從憲法角度上發揮《立國之道》的核心思想要義，將《立國之道》中「修正的民主政治」從憲政邏輯上充分展開。張君勱明確指出，「憲法乃是一張文書，所以規定政府權力如何分配於各機關，以達到保護人民安全與人民自由的目的」。「憲法上每件事就是要防止國家的專擅，就是防止國家濫用權力」。因此，張君勱強調「憲法的第一章一定要規定人民的基本權利」，也即人身自由、言論自由、結社集會自由、信仰自由等內容；「憲法所規定的是國家權力如何確立與如何限制」，即明確立法、司法、行政三權分立的原則，輔之考試與監察。根據民國成立三十餘年來的歷史經驗，張君勱指出，「憲法本身所以能保存在，並不是一張紙片的文字就夠的，而是要靠國民時刻不斷的注意，然後憲法的習慣方能養成，然後憲法的基礎方能確立」。〔註16〕

　　幾經周折，張君勱起草的這部憲法草案最終獲得國民政府的認同，並表決通過成爲正式的《中華民國憲法》。在《中華民國憲法》中，社會主義主要體現在第 13 章的「基本國策」規定上，尤其是「國民經濟」中的第 142 至 146 條：

> 第 142 條　國民經濟應以民生主義爲基本原則，實施平均地權，節制資本，以謀國計民生之均足。

〔註15〕張君勱：《中國新憲法起草經過》，《再生》1948 年第 220 期。

〔註16〕張君勱：《中華民國民主憲法十講》，上海：商務印書館，1947 年，第 6〜10 頁。

第 143 條　中華民國領土內之土地屬於國民全體。人民依法取得之
　　　　　　土地所有權，應受法律之保障與限制。私有土地應照價
　　　　　　納稅，政府並得照價收買。

　　附著於土地之礦，及經濟上可供公眾利用之天然力，屬於國家
所有，不因人民取得土地所有權而受影響；土地價值非因施以勞力
資本而增加者，應由國家徵收土地增值稅，歸人民共享之；國家對
於土地之分配與整理，應以扶植自耕農及自行使用土地人為原則，
並規定其適當經營之面積。

第 144 條　公用事業及其它有獨佔性之企業，以公營為原則，其經
　　　　　　法律許可者，得由國民經營之。

第 145 條　國家對於私人財富及私營事業，認為有妨害國計民生之
　　　　　　平衡發展者，應以法律限制之；合作事業應受國家之獎
　　　　　　勵與扶助；國民生產事業及對外貿易，應受國家之獎
　　　　　　勵，指導及保護。

第 146 條　國家應運用科學技術，以興修水利，增進地力，改善農
　　　　　　業環境，規劃土地利用，開發農業資源，促成農業之工
　　　　　　業化。

此外，在第四節「社會安全」中還保護勞工以及社會保險等規定：

第 153 條　國家為改良勞工及農民之生活，增進其生產技能，應制
　　　　　　定保護勞工及農民之法律，實施保護勞工及農民之政
　　　　　　策。

　　婦女兒童從事勞動者，應按其年齡及身體狀態，予以特別之保
護。

第 155 條　國家為謀社會福利，應實施社會保險制度。人民之老弱
　　　　　　殘廢，無力生活，及受非常災害者，國家應予以適當之
　　　　　　扶助與救濟。〔註17〕

在《廿餘年來世界政潮激蕩中我們的立場》中，張君勱曾對社會主義下國營
與民營界限作如下劃分：「甲、鐵道、電信、大鐵礦、大煤礦在今日私人資本

〔註17〕《中華民國憲法》，夏新華等整理：《近代中國憲政歷程：史料薈萃》，北京：
　　　　中國政法大學出版社，2004 年，第 1116～1117 頁。

力薄弱時代，自然歸於國有；乙、其他輕工業，消費事業，歸於民營或合作社；丙、土地問題，三畝五之耕作單位，自說不上沒收，百畝千畝之家，在我看來，只可說是中產，留美華僑可以有三千英畝或六千英畝較國內相差甚大，將來是否要平分百畝千畝之地權，可按耕作效率，加以調整。」〔註18〕

張君勱憲政框架下的社會主義思想理論核心是通過「自由與權力的平衡」，而實現「個人自由與社會公道」。「個人自由與社會公道」提出於 1920 年代；「自由與權力的平衡」形成於 1930 年代。可以說，從 1920 年起，張君勱始終在尋求從制度上確立並落實以憲政爲基礎的社會改造。通在 1947 年發表的《民主社會黨的任務》一文中，張君勱結合民主社會黨的主張系統詮釋了憲政理念下的社會主義。

二、憲政理念下的社會主義

二戰後，「民主社會主義」思潮在國際上盛行，西歐各國「社會黨」紛紛興起，並取得執政黨或是主要在野黨的地位，較爲突出者，當數英國。1945年，以費邊社會主義作爲理念的英國工黨上臺執政。〔註 19〕張君勱欣賞費邊社研究問題時堅持「查清事實」的信條和通過「辯論」明其利害得失的做法。以稅務問題爲例，費邊社成員會「詳舉捐稅的種類，其起源，其成績，其對人生活的影響，最後提出其改革的具體方案」。張君勱認爲這樣不但能引起社會的重視，並且還能促進政府進行改革。張君勱看重費邊社實行社會主義的宗旨：「目的是在建設一個新的社會，在這社會中，大家機會平等，個人與階級的特權一概廢止；用法治民主的方法，達到財富集體化。所謂用法治民主的方法，意即反對用暴力和革命的方法」。費邊社沒有一套固定的原理與原則，而是按照思想自由的道理，隨時根據社會的實際需要，而把新見解公開

〔註18〕張君勱：《廿餘年來世界政潮激蕩中我們的立場》，《再生》1946 年第 108 期。
〔註19〕費邊社會主義源於費邊社，創立於 1884 年，認爲社會改革應循序漸進，故以公元前 3 世紀古羅馬一位因主張等待時機、避免決戰的將軍費邊爲社名。蕭伯納、偉伯、柯爾、拉斯基等費邊社的社員。他們主張生產工具公有、土地公有，提倡階級合作、社會和平，反對暴力革命；主張通過民主選舉建立地方自治市政機關，逐步掌握煤氣、電力、自來水等公共事業所有權，運用溫和漸進的方法改良社會，實現社會主義。通過出版學術研究、演講、座談會以及暑期學校的舉辦，宣傳社會主義思想。韋伯作爲英國工黨全國執行委員會中的費邊社代表，他爲工黨起草了黨章，擬定黨綱草案，指導各項政策，使費邊社會主義成爲工黨的指導思想。

說出來。張君勱認為，費邊社的態度與蘇聯的態度完全不同，蘇聯國內不允許批評蘇維埃政權，亦不允許批評共產黨；費邊社雖不是一個政黨，只是由少數知識分子組成的一個學術研究團體，然而對英國政治與社會運動影響重大。張君勱指出，工黨的思想，就是費邊社的思想。從費邊社的成立到工黨上臺執政，張君勱認定，「只要有一批志士仁人，不論其人數的多少，抱定不移的宗旨，永遠不倦的，根據事實，研究出對策，則一定能對國家有所貢獻」。〔註20〕

英國工黨自成立起，不崇尚高談闊論而崇尚具體實際的務實行為給張君勱印象尤為深刻。因為「理論上的徹底，未見得就能解決問題」，很多具體問題在緊要關頭，理論並無多大用處。以國際社會主義運動為例，張君勱指出，社會主義運動最初的口號是打倒資本家，而且各國聯合起來，所以有「工人無祖國」以及「世界革命」口號的提出，當時很多社會主義者認為只要各國工人聯合起來，就不會發生戰爭，而一戰的暴發打碎這種迷夢。除此之外，社會主義運動各國內部又有漸進與激進問題、階級鬥爭問題等。德國考茨基批評伯恩斯坦落伍，俄國革命成功後，列寧又批評考茨基落伍；就階級鬥爭而言，蘇聯最初是除無產階級工人外，剝奪資產階級一切選舉權利，但經過幾次五年計劃，又擡高知識階級的地位。因此，「社會運動中的問題很多，只有根據內外實際情形及將來可能的發展，隨時自己決定」。張君勱指出，「英國人不願遵守嚴格的理論，而喜把它用具體的方法表現出來。就是說，須把理論變做實現出來的方法。單單理論是不夠的，須告訴如何做出來」，因為英國人崇尚實際，所以英國工黨不願叫社會黨，亦不願說出他們所欲實行的社會主義。〔註21〕

蘇俄最為張君勱所詬病的是：不同階級不同信仰的人士，不但沒有民主國家的法律保護，連生命和人權，隨時總受到危害，人民沒有組織政黨，反對政府，以及言論、集會、結社和出版自由權，以及選舉權；民主國家中的政治意見分歧，可以取決於人民，但只有一黨獨裁專政的國家內，設若發生分歧意見，就很難圓滿解決了。斯大林與托洛茨基發生政見爭執，最後以托洛茨基亡命海外結束；此外，蘇俄組織共產國際，即所謂第三國際，實為控制各國共產黨的機構。早在1930年代，張君勱就提出過「學蘇俄之建設者，

〔註20〕張君勱：《民主社會黨的任務》（六），《再生》1947年第166期。
〔註21〕張君勱：《民主社會黨的任務》（六），《再生》1947年第166期。

不必定出於蘇俄之破壞」。認爲「所謂革命，僅爲一掃除障礙之過程，最終的目的，是提高人民生活，進行經濟建設」，「社會主義的目的，在於建設一個民主的幸福的國家」。在二戰中，蘇俄給張君勱的啓示是「埋頭於本國的各項建設，提高國家力量與人民生活，而放棄世界革命的幻想」。在本國經濟遭受嚴重破壞，又無外資可借的情況下，蘇俄全國上下「節衣縮食，省吃儉用，盡量輸出農產品，爭取機器和生產品的輸入」，張君勱提倡中國「應該學習這種努力苦幹的精神，走上現代經濟獨立與自給的標準」。抗戰勝利前後，美國對中國進行大量的物資援助，並且不少人形成依賴援助的心裏，針對這種情況，張君勱主張發展民族經濟，現實基本生活物質的自給自足，如果日用品都寄希望於美國的供給，那麼，中國的現代化永遠也沒有達成的一天。〔註22〕

張君勱認爲，蘇聯所表現的社會主義是革命的、暴力的和集權政治的；在英國所表現的則是費邊社的、漸進的和民主政治的。蘇聯與英國所代表的兩條路線，中國究竟應該選擇那一條路線呢？張君勱明確表示，「今後我們如果決心走上社會主義之路，採取和平的，有計劃的方法，比較容易，採取革命的暴力的方法，則是否能實行社會主義，實是一個大疑問」。在詮釋社會主義時，張君勱不再只說明什麼是社會主義，而是從正反兩方面進行深度審視，他首先說明什麼不是社會主義，然後再詳述社會主義是什麼？

張君勱強調，唯物史觀不是社會主義。對於馬克思的唯物史觀主張生產力決定生產關係，經濟基礎決定上層建築。張君勱則認爲，不能否認歷史變化中偶然的因素，不是一切事物都可以用生產力決定生產關係、經濟基礎決定上層建築來解釋。「歷史上許多變化，是由於爭權而來，而爭權與生產工具生產方法有什麼關係？」他以俄國革命爲例，1917 年列寧和克倫斯基都在開會討論如何把對方拘禁起來，結果列寧先下手爲強。故「列寧的革命成功與生產方法的決定因素」，沒有必然關係。所以張君勱認爲歷史變化的動力是心還是物，「是一個哲學問題，與社會主義沒有關係，相信唯物固然是社會主義者，相信唯心也可以是社會主義者，換句話說，社會主義者不一定要相信唯物史觀」。在蘇聯不相信唯物史觀，就不是馬列主義的信徒，這種態度爲我們所不敢贊同。〔註23〕

唯物史觀不是社會主義，階級鬥爭同樣也不是社會主義。在張君勱看來，

〔註22〕張君勱：《民主社會黨的任務》（七），《再生》1947 年第 167 期。
〔註23〕張君勱：《民主社會黨的任務》（八），《再生》1947 年第 168 期。

階級鬥爭是恨的哲學，德國納粹黨以恨猶太人爲對象，俄國共產黨以恨資本家大地主爲對象。「因恨而發動的政治運動，一旦政治運動結束後，恨繼續下去，每與政治運動的目的相違背」。爲了實行社會主義，將工農組織起來，以打倒資本家大地主作爲動員手段，自然容易取得效果，然而運動一旦成功後，「這種仇恨繼續下去，就和社會主義的目的相違背，因爲社會主義的目的在於使大家康樂，大家各得其所，而並不是在於排斥那一部份人」。所以，張君勱反對以階級鬥爭爲出發點，認爲這是一種不好的心理，「實行社會主義應使全社會都認爲對，如果失去了一方的同情，實是戰略上的錯誤」。爲了說明階級鬥爭不是社會主義，張君勱還援引了麥克唐納和威爾斯的觀點。麥克唐納提出：「社會主義爲求貫徹起見，不能以階級偏見爲出發點，換句話說，應該離開階級的情調，因爲如果以窮人爲出發點，就要失去富人方面，社會上就充滿了仇恨，改造社會應以各得其所爲出發點，不應偏於一方面」。威爾斯認爲：「社會改革運動以階級鬥爭爲出發點，是一種壞的心理，是一種自卑情緒的表現。我們希望社會改革時，把發展的阻礙掃除，而並不是階級報仇。社會改革在使人人有飯吃有衣穿，而不是階級報仇，所以過去的事應該少提」。〔註24〕

社會主義不是唯物史觀，也不是階級鬥爭，更不是完全廢除私有財產。在張君勱的理念中，財產有多種，財產的分配方式亦很多。「有許多財產由私人私有，並不足以影響到社會上的貧富不均，亦談不上所謂獨佔壟斷，這些財產就不必需公有」，這些私有財產的存在反而可以增加私人的自動自發性和生活趣味。如果有關整個國家社會、全體人民生活以及國家安全的財產，如國防工業與關鍵工業，張君勱則主張應由國家國有。他以蘇聯土地國有爲例，蘇俄雖實行集體農場，但仍允許每一農戶擁有三五畝土地，由其養雞種菜。小財產由私人私有，並不妨害社會主義的實行，社會主義並不是一定要完全廢除私有財產，因此，張君勱強調與大體無關的私有財產，並不妨礙社會主義之爲社會主義。而且財產的方式很多，有國有、私有、合作社等方式，合作社的財產，算公有亦可，算私有亦可，決不至有養成貧富不均之病。〔註25〕

唯物史觀不是社會主義，階級鬥爭不是社會主義，完全廢除私有財產也不是社會主義，那麼，究竟什麼才是張君勱理念中的社會主義，或者說張君勱所信仰的社會主義基本方向是什麼？張君勱從以下三個方面進行回答。

〔註24〕張君勱：《民主社會黨的任務》（八），《再生》1947年第168期。
〔註25〕張君勱：《民主社會黨的任務》（八），《再生》1947年第168期。

第一、社會主義是以全社會各得其所爲目的，不是以個人謀利爲目的。工業革命後，西歐的社會經濟生活，發生了很大變化。新的生產工具的發明，新的生產方法的出現，新的生產組織的產生，不可否認這一系列新變化帶來社會經濟的發展和物質財富的增加，同時也帶來了貧富兩極嚴重分化，窮者越窮而富者越富。張君勱認爲這一問題的出現主要由於放任政策所導致，「最初但覺機器發明之有用，乃有自由競爭學說的流行，好像競爭既自由，則社會之供求自得其平」。到19世紀上半葉，這一矛盾更加明顯：財富集中於少數人之手、工人失業不斷增多、經濟迭起、女工童工之不人道與工人生活之苦況普遍。這些都是資本主義下最爲易見之現象，一面生產過剩，一面不少人受凍挨餓。自由主義經濟理念主張財產自由，憲法上又規定個人財產不容侵犯，平時經濟可以有序運轉，一旦遇到經濟不景氣時，一切都無法維持。故張君勱指出，「老的自由主義和資本主義是無法應付將來，今後惟有以全社會合作打算」，統籌生產消費分配，經濟發展「不能以個人謀利發財爲目的，而應以全社會的各得其所爲目的，全社會在一個計劃和一個觀點之下，才能建立起新的社會」。儘管實現「全社會之各得其所爲目的」並非一件容易的事，但也不是非經暴力革命不可。對此，張君勱十分認同英國首相麥克唐納的說法：

> 拿革命作爲社會主義者的方法是錯誤的。革命決不能實現社會主義，因爲社會主義者所希望的變動，是影響於社會組織上每一根纖維，此種變動必須爲一種有機的歷程。政治上的變動，由君主而共和，由奴隸而獨立，可以訴諸於刀槍。如其一種變動將財富生產之歷程與夫國內外之交易須加以調整，此種變動之目的在將服務與酬報之間，確立一種公道關係，且所以結束目前一方太富一方太貧之生計機構，則此種變更，決非革命二字所能爲力。但是革命已是習用的名詞，所以社會主義者沿用此二字，以指出其心中所希望之大變動。社會主義者所以用此二字，無非說明其社會改造中之大變動，不僅點綴門面而已。惟其然也，彼等好用革命的社會主義字樣。但此種用法，適所以增加瞭解困難。要知革命云云，非謂變動之大，且有忽然的劇烈的變更之意。即就工業革命的名詞言之，亦含有變更劇烈的意味，即將當時現狀推翻之謂。但社會主義者所以用社會革命之名，意在表示其心中所想之變更之徹底，其所用之方法如何，

> 原不包含於其中。革命云者，乃指其目的所在，非指其所以達到目
> 的之方法言之。〔註26〕

由於看到蘇俄暴力革命帶來的嚴重後果，張君勱對革命咸有戒心，始終致力於希「望少流血少殺傷，以和平方法達到社會主義」。

　　第二、社會主義是非採行計劃經濟不可。張君勱所謂的計劃經濟即：「全社會在一個計劃和一個觀點之下，統籌全社會的生產、消費、分配和信用」。蘇聯因爲暴力革命取得政權，一切權力操在國家之手，打倒資本階級，所以易於實行計經濟。那麼，在一個沒有經過革命過程的國家是否能實行計劃經濟？張君勱認爲，計劃經濟與革命無關。他認爲，戰爭時期的軍用與民間生產就是一種計劃經濟，既然這種計劃經濟在戰時可以實行，平時也同樣能實行。以歐美工廠爲例，造一輛汽車，部件往往先分散在各處生產然後再匯合起來，所以任何一個工廠都出之於計劃。「一廠的範圍何以不能推廣及於一種工業，而再推廣及於全國？」蘇俄計劃經濟是在一黨專政的國家取得成績，那麼，不先行一黨專政又能否採用計劃經濟？張君勱引哥侖比亞大學教授麥幾浮的觀點進行說明：

> 民主與充分集體主義是否相容？（所謂充分集體主義指生產與
> 分配工具之公有與營利私有企業之全體言之）……依馬氏主義而行
> 的集體主義革命，惟有依照獨裁方式行之。即令此種革命中有民主
> 議會之投票，是亦爲貴族式專政下之議會而已。此種專政，經過時
> 間稍久，能否代之以民主，如今日蘇俄在保留其社會主義機構下，
> 能否實踐其一九一七年憲法之諾言。此問題無法預答曰然或曰否。
> 然人類組織無終久不變之理。集體主義與民主二者之可以實現者，
> 因其程度而有深淺之不同，則此二者之可能性，亦可以有千萬種之
> 差別。〔註27〕

張君勱深信民主政治與集體主義能夠相容，因爲「各時代各國家中無處沒有集體主義之存在，經濟生活中若干部分早已國有，而無礙於民主的歷程」，且多數民主國家中鐵路、中央銀行、公用事業早已歸於國有。以美國爲例，張君勱指出，美國是信奉個人主義的國家，但其大地區之工農開發已由政府管

〔註26〕　張君勱：《民主社會黨的任務》（八），《再生》1947 年第 168 期。
〔註27〕　張君勱：《民主社會黨的任務》（八），《再生》1947 年第 168 期。

理；初等教育與中等教育二者亦早已成爲政府之責任。此外，近如瑞典丹麥已採用集體主義的試驗，其施行程序一依民主方法行之。由此可見，「集體主義已進入新領域中，只須各問題經人民代表一番討論，自然無背於民主的歷程」。因此，社會主義的實現，可以依照民主政治原則進行，而不必有無產專政與之相輔。

第三、社會主義是在勞工、土地、資本三方面有一番公道的調整方法。張君勱意識到，在資本主義之下，勞工完全操在資本家手里；至於土地與資本，既可合而爲一也可分而爲二，即資本家也可同時是大地主。在資本主義之下，生產惟以發財爲目的。而社會主義則不然，勞工、土地、資本三方面有一番公道調整方法；如何生產，生產多少，由誰生產，如何分配，如何消費，都在一個計劃之下。不管是資本主義還是社會主義，都離不開勞工、土地、資本三方面，所不同的是社會主義下三方面之酬報，另有一番公平調整方法。無論美國還是蘇聯，工廠都以賺錢爲原則，但賺錢後社會應享的利益則是討論的中心。蘇聯工人在生產的利益中之所得占三分之一，而英美的工人是在資本主義下，其所得與蘇聯不相上下。蘇聯與英美的不同處在於蘇聯實行計劃經濟，土地資本歸之於國家，所得的利益亦歸之於國家，這不但生產有計劃，並且由國家經營，範圍與規模也比較大。而英美土地與資本在地主與資本家手上，受其操縱。因此，張君勱強調，實行社會主義就要在勞工、土地、資本三方面，時時予以公道的調整，並提出相應的調整原則：

一、工人工資，應合於生活最低限度之需要。

二、農民生產方法，應加改良，俾其所收入足供仰事俯育的需要。

三、應節約消費，增加儲蓄，以培植民族資本。

四、私人企業的盈餘，應按政府計劃，投資於政府所認爲應先培養之事業中。

五、私人企業分紅，應受法律的限制。

六、政府應設土地擔保銀行，出資收買耕地，以培植自耕農。

七、大城市地價的高漲，由於不勞而獲，應徵田價稅，或按價收歸市有。

只有在勞工、土地、資本三方面有一番公道的調整，全社會才能達各得其所爲目的，人民才能得到合理的生活。張君勱也認識到，國家或社會的改革並

非一件容易事，須有忍耐，用理智、教育方法，一步一步養成新觀念，去除舊習慣，方能可以逐漸走上社會主義的道路。張君勱尤其重視「智識」的作用，認爲過去談社會革命，「喜講行動，然而行動重在招兵買馬」。在他看來，這「不一定能夠改革社會，而適足使社會的亂源更深與更難於改革而已」。中國要做的是：「應尊重智識，亦即搜集事實，細心研究，把過去的偏見去除，養成新觀念，有耐心的一步一步走上去，自然能夠找到一條正當的途徑」。張君勱強調，改造社會必須冷靜頭腦，從事研究，提出方案，自然能達到各得其所的社會。他心目中的社會改造，「不是用炸彈、暴力或政變，而是漸進的，根據智識和科學精神，用教育方法和民主的方法，求其一步一步的實現」。〔註28〕

總之，抗戰結束後，中國政治的走向成爲張君勱關注的焦點。國共紛爭突顯，中國面臨的不僅是建立一個什麼樣的國家問題，還面臨如何化解國共矛盾而避免武裝衝突的問題。張君勱及其領導的民主社會黨將民主社會主義作爲立國之道，在憲政的框架提出民主社會主義的四點目的：「一曰大工業國有；二曰國有事業須爲社會服務，其爲國有事業之負責者，不許其在工商界金融界肆其操縱之伎倆；三曰將所得盈餘謀國民福利之增進；四曰勞資衝突必須解除。」〔註29〕在民主社會主義理念指導下，制定出民主社會黨的四條政綱：（一）民主社會主義爲今後唯一立國之道。（二）根據民主方法實現民主社會主義的國家。（三）民主社會主義之鵠的，在使個人得自由之發展，社會盡分工合作之能事，國家負計劃與保護之責任，國際進於各國之協調與世界政府之建立。（四）在計劃組織原則之下，以社會全體利益爲基本概念，分期確定並實施關於政治、經濟、社會、文化之整個具體計劃，以達到革新社會之目的。〔註30〕

第二節　民主與社會主義的關係辨析

在改造中國的方案中，張君勱開始就以民主作爲首選，制度建構以西方民主憲政爲標準。民國成立，他曾一度對新政權滿懷憧憬，在民主共和受到

〔註28〕張君勱：《民主社會黨的任務》（八），《再生》1947年第168期。
〔註29〕《中國民主社會黨組織委員會宣言》，《中國民主社會黨文獻（第一）》，上海：中國民主社會黨上海市黨務籌備委員會印，1947年，第5頁。
〔註30〕《中國民主社會黨政綱》，《中國民主社會黨文獻（第一）》，上海：中國民主社會黨上海市黨務籌備委員會印，1947年，第6頁。

一系列挫折後，加之社會主義在蘇俄和德國分別以兩種不同方式取得政權。
社會主義開始進入張君勱追求現代化立國的思考視野，並將之與民主結合起
來，成爲改造中國的現代化立國方案。故 1920 年代張君勱的思想中，一方面
是將密爾的代議政治與中國社會結合起來，通過制定憲法的方式，希望實現
民主在中國的制度化建構；另一方面，通過對德國社會民主黨的借鑒和德國
社會主義的考察，擬定以社會主義改造中國的基本藍圖，並對此進行一系列
學理論證。在其思想理念中，儘管張君勱同時重視民主與社會主義的結合，
民主與社會主義是改造中國的兩個部分，換而言之，他的立國構想包括民主
與社會主義，但它們之間的關係並未得到深入有效的論證。就重視程度而言，
張君勱更重視民主的制度化思想，社會主義雖是其改造中國的主要構成部
分，與民主相比，顯然是第二位思考的問題。到 1930 年代，鑒於國際局勢以
及民主政治在西方國家的運行中不斷暴露出缺點，張君勱再度深入思考民主
在中國的實現方式，並提出「修正的民主政治」，在社會主義主張上，受蘇俄
五年計劃影響，再加上面臨日本入侵的危局，張君勱側重加強國家權力和對
社會的全局掌控，因而這一時期的社會主義思想強調國家作用，要求給戰時
政府便易行事的權力。當然，他並沒有因此而忽視民主的價值，而是將民主
思想通過組建和運作國家社會黨進入到實踐層面。出於抗戰的需要，張君勱
提出舉國一致、權力集中的國家社會主義，並提出詳細的實施計劃，思考較
爲深入和系統。通過抗戰期間對國社黨的運作和在國民參政會中的政治實
踐，以及對中國社會經濟發展的綜合觀察和考量。張君勱認識到，「社會主義
的長處在於財富集中於國家，可以矯正貧富的不均；國家得以統一計劃，經
營各種事業；一切經濟事業集中於國家，故易於抵禦外國的競爭」。〔註31〕但
如果掌握國計民生的政府，是一個獨裁專制的政府，是一個以黨代國的政府，
那麼，又如何保障將財富集中於國家可以實現社會公道？雖然說人人都是國
家的一份子，但並不意味著每一個人都有話語權，國家的命運始終是操縱在
當權者手中，甚至少數人手中，問題又再度回到民主政治上來。再加上抗戰
勝利後，面臨國共之爭的複雜局面，中國的前景問題再度成爲關注的焦點。
張君勱所領導的國社黨也改組爲中國民主社會黨，對社會主義的思考也由之
前以國家爲主導的國家社會主義，變爲強調個人自由和社會公道的民主社會

〔註31〕張君勱：《國家民主政治與國家社會主義》（下），《再生》，1932 年第 1 卷第 3
期。

主義。那麼，在憲政的主導下，社會主義與民主究竟是什麼關係？張君勱根據國際國內形勢的變化和政治發展的走向，不但對民主政治作出與時俱進的調適，而且還進一步審視了民主與社會主的具體關係。

一、民主政治理念的新調適

　　進探討民主與社會主義的關係時，有必要進一步梳理在新形式下張君勱對民主理念的調適，他對民主政治思考的最大特點是將民主的核心價值——自由、平等、人權等理念納入到社會主義體系中進行審視和建構。進入 40 年代後，通過對西方民主政治的深入考察和民國以來中國政治演進現狀的反思，以及組建國家社會黨的實際運作經歷，張君勱開始系統詮釋民主政治的價值理念。根據民主發展和演進的歷史脈絡，張君勱將其分爲發軔期、挫折期和推廣期。民主的發軔期，自天賦人權學說之流行，迄於十九世紀各國憲法之頒行。這一時期所謂的民主，「一曰保障人權，二曰議會監督政府，三曰選舉決定人心向背，其意義固昭如日月，非任何人所能顛倒而上下之者」；民主的挫折期自十九世紀後半葉始，迄於第二次大戰前後，各國憲法頒佈，議會政治風行一時，其間因選舉舞弊內閣風潮迭起，民主受到「左右」兩派的夾攻，兩者分別演變爲蘇俄革命和德意法西斯獨裁專政，「惟英美獨守其憲政常軌，不爲所惑」。「英、美始終相信民主，其對予民衆之信賴，探一種漸進態度」，「政治上所遵行者爲議會政治，責任政府與夫以選舉求人民同意」，「常能於自由之中保持人民之一致合作，萬非德法兩國中持帝王大權或軍人政治論者所能及也」；民主的推廣期爲二戰之後迄今，民主政治進行了必要修正，「一件可以名曰國內政治民主與經濟民主的匯合，一件可名曰民族主義消溶於國際組織之中。」〔註32〕

　　英美和蘇俄都宣稱代表眞正的民主，究竟誰是誰非，張君勱通過系統考察之後，在 1946 年發表的《民主方法》一文中，認爲英美堅持了民主傳統。〔註33〕而蘇聯「除無產階級之言論結社自由外，其它人之自由則剝奪之。」「其

〔註32〕張君勱：《中華民國民主憲法十講》，上海：商務印書館，1947 年，第 129～131 頁。

〔註33〕張君勱認爲英美民主有如下特點：第一、人格之尊嚴，以人爲目的，不以人爲工具。第二、各人既有獨立人格，應許以不可移讓之權利，此之謂基本權利。第三、人民既有基本權利，故規定於憲法與法律之中，受其保障，此項權利爲政府所應尊重。第四、國家之主體爲人民，故曰主權屬於人民全體。第五、主權既屬於人民，故國家所制定之法規及預算案，應得人民所選代表

政體爲無產階級專政，所以選舉權只屬於工農，資產階級不得享有，他若資本主義國中之議會制度與責任內閣自然無法採用。」〔註34〕從英美和蘇俄制度的實施結果，張君勱得出民主與非民主判斷標準：「第一，人權之尊重與否；第二，被治者之同意與否；第三，政府之負責任與否」。「人權爲民主政治之基本，自十七八世紀以來，久爲人所共曉」，「自陸克（即洛克——引者注）以來，認爲被治者之同意，爲民主之基本原則」。〔註35〕人權作爲民主的根本，民主給予人民種種基本自由權利，這些自由權利不容移讓。民主離不開人權，沒有人權的保障，就不是民主。人民如果無法以自己意見影響政治，不論生活如何安全，不能說是民主。〔註36〕而人權「在哲學上看即是康德所謂拿人當目的，不拿人當手段、工具，人類有其獨立的人格，政府應待其人民爲有人格之人民，不待之如奴隸」。〔註37〕

《在民主社會黨的任務》這篇綱領性文獻中，張君勱對民主進行概括性總結：「所謂民主，就是由人民直接或間接的決定國家一切重要決定。……國家重要政策的決定，如果人民有權參加，就叫做民主，不然，就不是民主」。「國家一切的決定，應得人民的同意，應由人民表示同意。假使說，國內只容許一黨，而不容許其他政黨存在，把異己完全剷除，如有人寫文章批評，即關起來，如有人表示不同意，即取消他的面包票，讓他餓死，這種情形就叫做不民主與不自由」。〔註38〕

議會、選舉和政黨等民主的實現方式圍繞人權進行，「民主政治的出發點，是尊重人權，是由人民自由決定自己的政治制度與生活方式，所謂選舉權、議會與責任政府等，都是這個出發點的表現」。張君勱從英美和蘇聯人民對政治的參與情況比較中得出民主與極權兩種政治模式。「英美承認反對黨的存在與地位，誰上臺下臺，由人民投票選舉來決定」。「給予人民以決定權，

如國會議員之同意。第六，主權既屬於人民，政府由人民代表之信賴而產生，政府所作爲，應得人民同意，其信賴也，斯政府留；不信賴也，斯政府去。此之謂負責的政府。第七、多數人民之向背，由總選舉之結果以決定之。第七、政黨政治，或爲兩黨之更迭上下，如英美：或爲多黨之聯合政府，如德法。第八、少數服從多數，惟少數派之言論與活動，不受限制。參見張君勱：《民主方法（一名民主與反民主）》（一），《再生》1946 年第 134 期。

〔註34〕 張君勱：《民主方法（一名民主與反民主）》（一），《再生》1946 年第 134 期。
〔註35〕 張君勱：《民主方法（一名民主與反民主）》（二），《再生》1947 年第 154 期。
〔註36〕 張君勱：《民主社會黨的任務》（一），《再生》1947 年第 160 期。
〔註37〕 張君勱：《民主政治的哲學基礎》，《再生》1948 年第 240 期。
〔註38〕 張君勱：《民主社會黨的任務》（一），《再生》1947 年第 160 期。

就是尊重人權，也就是民主。」而蘇聯不承認反對黨的存在與地位，也不予人民以自由表達意志的機會，一切政治、經濟、教育、文化等，都集中在少數統治者手裡，重要事情亦只由這批少數人來判斷。故前者是民主政治，後者爲極權政治。〔註39〕

　　儘管政治參與的選舉是決定民主與否的關鍵，從中國政治演進的處境出發，張君勱還是保持了學者應有的審愼，並非一味主張普選，而是以「識字」爲限，如果選民連自己的名字都不認識，這樣的選舉勢必與民主價值相去甚遠。所以張君勱「以爲選舉最要緊的，就是避免操縱，嚴守法紀！人民的教育一天天的進步，政權行使也一天天的擴大，這樣選舉才有益處，法律尊嚴，才能維持」。〔註40〕

　　「民主國家承認人民爲主人，所以民主國家的政治，是以人民的公意爲依據，但人民的意見，必須組織起來才能有力量，才能發生影響，這就是政黨。」「政黨是多數人的集合體，也就是所謂集會結社。凡民主國家，人民都必享有集會結社自由之權」。「民主國家是否名符其實，就要看人民能否享有和運用這個權利，以及政府是否保障這個權利。道理很簡單：多數人民能夠結合起來，抱定一種宗旨，堅持一種主張，才能對國家的政治發生影響，人民對國家的政治發生影響，就是民主政治」。〔註41〕

　　民主政治的基本要素，諸如言論自由、反對黨的存在、政府進退取決於民意、人身自由的保障、司法獨立、公平競爭之風氣等要素或者就是人權，或者是人權的結果，或者是人權的制度保障。張君勱曾明確表示，「現代國家的特點，萌芽於英倫，至法國革命後而大成於歐洲。鴉片戰爭後，歐洲國家踏進我們國土，我們最初所認識的是船堅炮利，最後乃知道近代國家的基礎在立憲政治，在民主政治，在以人權爲基礎的政治，」「人權爲憲政基本」〔註42〕。

　　進入1940年代後，張君勱對民主政治理念的調適主要側重體現「人權」，認識到「人權運動在此次大戰以前，我們的政治思想中，始終沒有成爲重要的因素。」〔註43〕張君勱的反思以時代變遷爲前提，國民黨爲了團結抗日力

〔註39〕張君勱：《民主社會黨的任務》（一），《再生》1947年第160期。
〔註40〕張君勱：《民主社會主義之哲學背景》（一），《再生》1948年第221期。
〔註41〕張君勱：《民主社會黨的任務》（一），《再生》1947年第160期。
〔註42〕張君勱：《中華民國民主憲法十講》，上海：商務印書館，1947年，第2、23頁。
〔註43〕張君勱：《中華民國民主憲法十講》，上海：商務印書館，1947年，第23頁。

量，抗戰初期，政權曾有限開放，並對民主的制度化建設作出過相應承諾，國民政府作為領導抗日的合法政權，也得到絕大多數知識分子和社會組織的認同。隨著國際國內環境的好轉，國民黨卻利用戰時人們賦予的權力不斷對自由、人權進行肆意剝奪和踐踏，民主憲政的承諾也沒有實施的跡象。並且張君勱本人也因屢次參與民主憲政運動和批評國民黨，被軟禁於重慶汪山長達兩年之久，許多民主人士紛紛被捕。因此，張君勱自 1944 年起，相繼發表《人民基本權利三項之保障——人身自由、結社集會自由、言論出版自由》、《英國大憲章提要》、《現代憲政之背景》、《兩時代人權運動概論》、《法國人權協會之人權宣言》等文章，開始調整原來的主張，不再強調集中權力，重新回歸自由、民主和人權，並重新審視 18 世紀以來歐美爭取民主政治的人權運動，認為「人權運動實在是民主政治最重要的基礎」。〔註44〕他批評國民黨無「尊重人民權利之習慣」，對於「人身、結社集會、言論自由三項為人民基本權利」的保障，「不宜待諸憲法頒佈之後，而應著手於憲法未頒佈之前」，他強調「有憲法無人權，不能算是憲政，先有人權的保障，然後才有憲法」。〔註45〕

張君勱強調，人身自由、結社集會和言論出版自由作為民主憲政不可或缺的要素，有之則為民治，無之則為專制。人身自由是最基本的人權，國家不能非法秘密拘捕、審判和處決人民，人民只有在違法的情況下才能予以拘捕。「國家對於人民，無論權力怎麼強大，總要劃定一個範圍，說這是你的命，這是你的財產，這是你的思想和你的行動範圍。在這範圍內，便是各個人民天生的與不能移讓的權利。在這範圍內，國家是不能隨便干涉強制的。在這範圍內，各個人所享有的權利，便叫人權。」〔註46〕從「政黨是多數人的集合體」這一觀念出發，結合民主國家的經驗，張君勱提出對結社集會自由看法，認為「人民都必享有集會結社自由之權」，〔註47〕在此前提下，人民有各抒己見的機會，也便於養成民間領導政治人才，只要「不以擾亂治安為目的，不以牴觸刑法為目的」，政府就不應干涉。「結社集會之合法與否，由法庭判決」。在言論上，「人民無言論自由，則學術上無進步，政治上無改良之途徑

〔註44〕 張君勱：《中華民國民主憲法十講》，上海：商務印書館，1947 年，第 3 頁。

〔註45〕 張君勱：《人民基本權利三項之保障》，《再生》1944 第 94 期。

〔註46〕 張君勱：《中華民國民主憲法十講》上海：商務印書館，1947 年，第 24 頁。

〔註47〕 張君勱：《民主社會黨的任務》（一），《再生》1947 年第 160 期。

矣」，「倘許多人發猖狂無忌之言，則治安混亂而法紀蕩然矣」，所以事前監督制度因盡早廢除，並制定出版新法，使人民「養成守法之習慣」，「自知其責任之所在」，「如有逾越範圍之言論，政府自可於事後禁止其發行。」〔註48〕

作為人權運動理論來源的「社會契約論」在19世紀受到功利主義和歷史學派的激烈批判，但在張君勱看來，「社會契約說雖不必與歷史上之事實相符，然而立國之正當理由，殆無一而能逃出於社會契約與人權學說之範圍之外者。」〔註49〕張君勱對法國人權宣言中，個人與社會「相依為用，相為表裏」十分贊同。認為法國人權宣言不但提倡自由反對專制，而且還注重平等公正，並「盡力於智德進步與個人及社會之幸福」，「養成平和與容忍之精神」，「擴充理性主宰力的發展」，從而使每個個體都能充分自我完善。〔註50〕

惟有保障人權，然後政府地位愈加鞏固，因為人民有人格，明禮義、知廉恥，自然成為一國中之中堅分子。人權要得到保障必須做到：「第一，要拿人民當人，不可拿人民當奴隸；第二，保障人權，政府權力自然受到限制，但政權上的限制，即所以擡高人民地位，為國家百年大計，是合算的；第三，萬不可拿一部分人民作為一黨之工具，蹂躪其他人民之權利，這種做法無非政府自身採取卑劣手段，徒使國家陷於混亂，夠不上說什麼治國平天下的道理。」〔註51〕國家的合法性基礎源於維持人民的生存、保障人民的安全和自由，將國家、社會和個人納入制度性框架內，並以民主的方式彰顯新秩序的合法性，這是張君勱對民主政治的重要認知。國家不僅要具有「民族」演進的歷史內涵，更需要具有以保障自由、人權為合法性依據的民主制度體系。

重視人權是張君勱這一時期民主政治調整的一個維度，他審視民主政治的另一面相是進一步發揮超越左右的第三條路線。在《立國之道》中，他從各國政治發展格局觀察，因權力與自由之間的配置不同而形成兩種不同的政治制度，一種是以英、美、法為代表重自由而忽視權力，「議會政治之下，各黨林立，使政府不能安定；如人人有結社之自由，因而工人挾工會以聯合罷工」；另一種則是自由行使過度，引起反動而出現的新集團權力主義，以蘇、德、意為代表，其中又可分為「新集團權力主義中之左派」的蘇聯，與之相

〔註48〕張君勱：《人民基本權利三項之保障》，《再生》1944第94期。
〔註49〕張君勱：《兩時代人權運動概論》，《民憲》1944年第1卷9期。
〔註50〕張君勱：《法國人權協會之人權宣言》，《民憲》1945第1卷第12期。
〔註51〕張君勱：《中華民國民主憲法十講》，上海：商務印書館，1947年，第38頁。

反的德、意。就中國所處時代而言，「一方爲英、美、法之民主與自由主義，
他方爲俄、意、德之新集團權力主義，素業耳濡目染於英、美憲法政治之下
者，自以民主政治爲我之趨向；其急於求功者，或左傾而嚮往蘇俄，或右傾
而嚮往意、德。」〔註52〕中國介於世界兩種潮流對峙之中，「在經濟上言之，
一方爲資本主義，他方爲共產主義；就政治上言之，一方爲十九世紀式之民
主政治，他方爲俄、意、德之反民主政治。吾中華民國苟不願爲世界兩大壁
壘所拉扯；惟有超然兩者之上，自求解決之法。」〔註53〕在英美與蘇聯之間，
或在國與共之間，找尋一條超越左右的的新出路，是張君勱自1930年代以來
立國思考的一大特點。尤其是抗戰勝利面臨國共武力相向的趨勢，張君勱更
是看重這一中間路線對解決當時問題的意義，將國社黨與民主憲政黨合併改
組爲中國民主社會黨就是他實踐這一主張的政治嘗試。在張君勱看來，這種
超越左右的中間路線不僅可以解決社會主義與共產主義的衝突，還能提供解
決國共之爭的思路，甚至可以解決政協會議上內閣制與總統制的爭論。在《中
華民國民主憲法十講》中，張君勱還從憲政的角度具體闡述了如何尋求「第
三條道路」。

　　在政協會議上，主張總統制者以法國爲例，反對內閣制，因爲在法式內
閣制下小黨林立，閣潮迭起，政府效率低下；而採用美國式的總統制，則總
統不受議會干涉，因此國家大事，總統都能放手做去。反對總統制者主張實
行內閣制，總統只作爲象徵性元首。張君勱認爲，美國總統制行政敏捷，各
部長能久於其任，總統行動不受議會干涉，自然是其長處，但美國總統制是
鑒於1789年以前「邦聯」時代中央政府之懦弱無能，所以懲前毖後，故「要
有一個政府，享受獨立地位，授之以行政之權，使之負起行政上的責任，加
強聯邦的團結」。美國所用的藥方，不一定適用於中國。張君勱不贊成採用總
統制，是「因爲不願像美國一樣將行政大權完全交付總統手中」；他主張內閣
制，但「不贊成法國一樣大總統不負責任之規定」，而是結合總統制與內閣制
的優點，以「行政院爲國家最高行政機關；行政院長由總統提名，經立法院
同意任命之；行政院對立法院負責；如立法院對行政院全體不信任時，行政
院或辭職或提請總統解散立法院，但同一行政院長不得再提請解散立法院。」
張君勱指出，「此種內閣制，決非完全英法式之內閣制，而是一種修正式之內

〔註52〕張君勱：《立國之道》，上海：商務印書館，1947年，第150～152頁。
〔註53〕參見《立國之道》（自序），上海：商務印書館，1947年。

閣制」，即「採取美國總統制下行政部穩固的長處，而不忘掉民主國中應有之責任政府之精神」。〔註54〕

　　以政黨為基礎進行競選是民主政治的常用方法，熊彼特指出，「競選」的目的是達到政治決定「一種制度上的安排，在這種安排中，某些人通過競取人民的選票而得到作出決定的權力」。〔註55〕因此，兩黨制和多黨制是需要深入考慮的問題。關於兩黨制和多黨制之間的優劣，張君勱在考察英法兩國的情形後，傾向於英國的兩黨制，認為兩黨制的好處，在於政府不是拼湊起來，而法國的多黨制由於內閣為多黨組成，容易造成政府的不穩定。

二、民主與社會主義

　　共同源於西方文化的民主與社會主義，在 20 世紀由於對自由與平等的追求不同而分道揚鑣，民主主義者追求自由而有德國式民主社會主義；共產主義追求平等而有蘇俄式的社會主義。在德國法西斯化後，1945 年代英國工黨上臺執政，民主社會主義在西方曙光再現。時值抗戰結束，國共兩大政治勢力各自有其國際後盾。張君勱則適時根據國際國內政治的發展，對民主政治作出新的調適，以適應政治形勢的變化和社會主義的實施。

　　在《中華民國民主憲法十講》中，張君勱強調，「一個國家最低限度的責任，就是在保護人民的生命，使人人有飯吃，有衣穿，乃至於安居樂業」。〔註56〕而當時的社會現狀是城市與鄉村、沿海與內地嚴重二元分化，貧富懸殊彰顯出社會的極度不平等。在《中國民主社會黨組織委員會宣言》中，張君勱提出：「一國之士農工商，為勞心與勞力之生產者，應人人得到最低生活限度之滿足，而後可以相安，從事於生產。否則，教師罷教，工人罷工，工廠不能開業，全國之產量總額必至降低，對內外必不能自給。」為解決貧富不均以及勞資矛盾，必須實行社會主義，通過「大工業國有政策，累進課稅方法，或集體農場，使全國富力操於國家之手」，所得之盈餘，除維持生產事業外，悉用於全國人民教育及衛生與社會保險等事。「其餘若輕工業，小工業，則讓

〔註54〕張君勱：《中華民國民主憲法十講》，上海：商務印書館，1947 年，第 66～71 頁。

〔註55〕〔美〕熊彼特：《資本主義、社會主義和民主主義》，絳楓譯，北京：商務印書館，1979 年，第 537 頁。

〔註56〕張君勱：《中華民國民主憲法十講》，上海：商務印書館，1947 年，第 3～4 頁。

私人自由經營，免得國家行政處處干預人民，以保持人民自發自動之精神」。
〔註57〕

　　自由與公道是張君勱社會主義立國的兩大命題，為了將自由主義理念轉化成一套行之有效的民主制度，他主張通過憲法限制政府權力，在法制框架下保護個人思想和言論自由；為實現社會公道起見，要求在憲政框架下實施社會主義，保障自由貿易、支持私人企業的市場經濟和透明的制度規範，維護公民的基本權利。在張君勱的思想體系中，保障「個人自由」的民主制度與實現「社會公道」的社會主義都是對人終極關懷的雙重價值目標，因而，民主與社會主義也是其思想的一體兩面。「歐洲近代民主思想的歷史進程，是遵循著從自由平等到議會制度這樣一條路徑，是以充分肯定個人價值為基礎，再進一步思考如何落實尊重個人自由的制度保證；而在近代中國，民主進程從一開始就是從政治制度入手，遵循著從議會制度到自由平等這樣一條與歐洲恰好相反的路徑」。〔註58〕其實，即使政治的民主問題解決了，而經濟缺乏民主，社會公道亦不能必然實現。誠如周策縱在評述五四前後知識分子所說：「中國自由主義者並不特別重視他所討論的嚴重經濟問題。當時中國的自由主義者正全神貫注地進行教育改革、學術研究和重估國學等工作。他們之中很少人嚴肅地考慮在經濟機構和實施方面，如何在中國應用民主主義這個問題。在他們轟轟烈烈地攻擊傳統的思想制度以後，他們對大眾的影響力之日益薄弱，對這經濟問題是個主要原因」。〔註59〕如果僅局限於政治的民主，勢必會忽略經濟的民主，從而使社會有失於公道。「社會主義者看自由主義養成資本家、豪富，所以提倡社會公道與計劃經濟，英美人注重民主制度，所以相信制衡原則（Check and Balance）與個人之自發自動。」〔註60〕而張君勱所提倡的則是超越於民主主義與共產主義之間，主張自由與平等並重，力圖實現一個政治自由、經濟平等和社會公道的社會秩序。

　　在1928年發表的《一九一九年至廿一年旅歐中之政治印象及吾人所得之教訓》中，張君勱就曾明確提出：「社會主義之實行，以民主政治為基礎而已。」

〔註57〕《中國民主社會黨組織委員會宣言》，《中國民主社會黨》，第169頁。
〔註58〕章清：《「胡適派學人群」與中國自由主義》，上海：上海古籍出版社，2004年，第18頁。
〔註59〕周策縱：《五四運動》，長沙：嶽麓書社，1999年，第334頁。
〔註60〕張君勱：《民主社會主義之哲學背景》（一），《再生》1948年第221期。

〔註 61〕抗戰勝利後，思想界對同時實行民主與社會主義曾有如下疑問：民主和社會主義是可以同時並進麼？政治民主和經濟民主是可以兩者得兼麼？張君勱在《廿餘年來世界政潮激蕩中我們的立場》一文中給出的回答是：「（一）十九世紀之人權論，以信仰、結社、宗教、財產為重，現在則推廣到勞動權、生產權，可以說從前為個人主義，現在為社會主義。同一人權，其中意義一貫，絕無衝突；（二）歷史上的教訓，易使人類發生警覺。蘇俄革命，使西歐資本家不能不知道覺悟，不能不改弦更張，羅斯福總統之四大自由〔註 62〕即為其證明；（三）英國勞工黨的選舉勝利，可見大多數民眾靠了選舉權，便能實行煤礦國有政策。因此三種原因，可以說在民主政治下實現社會主義不是烏托邦的理想，而成議會桌子上的法案。」〔註 63〕張君勱始終認為社會主義與民主政治可以並行不悖，它們之間沒有必然的矛盾。在民主政治下，通過改良的民主緩進路線，可以和平地過渡到社會主義，而無需像蘇聯那樣通過暴力流血的革命，「社會主義的實現，盡可依民主政治原則行之，不必有無產階級專政與之相輔而行。」〔註 64〕「民主政治與若干度之集體主義自能相容，良以各時代各國家中無處沒有集體主義之存在。經濟生活中若干部分早已國有，而無礙於民主的歷程。多數民主國家中，鐵路、中央銀行、公用事業，早已歸於國有」。〔註 65〕他在中國民主社會黨舉行的該黨成立記者招待會上回答記者的提問時就明確指出：「民主社會黨在第一期著重民主，再以民主方法實現社會主義，認為必須相信人民，人民程度不夠，則應以教育的方法努力

〔註 61〕立齋（張君勱）：《一九一九年至廿一年旅歐中之政治印象及吾人所得之教訓》，《新路》1928 年第 1 卷第 5 號。

〔註 62〕羅斯福在 1941 年 1 月 6 日的國會諮文中談到政府內政外交政策時，概括出人類理當享有的四種權利：「第一是在全世界任何地方發表言論和表達意見的自由；第二是在全世界任何地方，人人有以自己的方式來崇拜上帝的自由；第三是不虞匱乏的自由——這種自由，就世界範圍來講，就是一種經濟上的融洽關係，它將保證全世界每一個國家的居民都過健全的、和平時期的生活；第四是免除恐懼的自由——這種自由，就世界範圍來講，就是世界性的裁減軍備，要以一種徹底的方法把它裁減到這樣的程度：務使世界上沒有一個國家有能力向全世界任何地區的任何鄰國進行武力侵略。」人們將其概括為四大自由：即言論自由、信仰自由、免於匱乏的自由、免於恐懼的自由。參見〔美〕富蘭克林・德・羅斯福：《羅斯福選集》，關在漢譯，北京：商務印書館，1982 年，第 279 頁。

〔註 63〕張君勱：《廿餘年來世界政潮激蕩中我們的立場》，《再生》1946 年第 108 期。

〔註 64〕張君勱：《民主社會黨的任務》（八），《再生》1947 年第 168 期。

〔註 65〕張君勱：《民主社會黨的任務》（八），《再生》1947 年第 168 期。

提高之」。〔註66〕張君勱認爲,「民主方法,正是最公道的和平方法。我們的理想是使中國走上社會主義之路。如何使它走上呢?就是上面所說的由人民自由表示意見的民主方法,但蘇聯不承認這種方法,認爲資產階級在上,是資產階級的民主,所表示的只是資產階級的意見,所以非用暴力與武力手段,加以推翻,或經過無產階級專政,才能走上社會主義。然而,我們欲問:在蘇聯看來,英國是資產階級的民主,這次工黨上臺,是否是資產階級的意見?可見,以民主方法,由人民自由表示意見,也可以逐漸走上社會主義。換句話說,假定英美沒有經濟民主,但人民能投票,能有政治民主,很容易過渡到經濟民主」。〔註67〕

第三節　民主社會主義的哲學基礎

　　無論是一種社會思潮還是一種社會改造的方案,其背後必定有一套系統的哲學作爲理論支撐,民主社會主義也不例外。在多年的政治參與中,張君勱雖然強調社會主義在制度層面的具體運用,但也並未忽略哲學層面的思考。有了憲法,有了內閣,有了立法院,中國的問題不能算解決,關鍵要看憲法如何實行?立法院怎樣做?因此,張君勱主張對於國事應該有徹底研究。要做到研究的徹底,「先要瞭解哲學是支配世界的樞紐,理性是現代文化的發源!」張君勱強調,這既是一個思想問題,也是一個哲學問題。唯有弄清楚這一問題之後,才能就「目前的局勢,全盤檢討,來定我們的方向」。〔註68〕在當時的社會發展和建設中,儘管科學非常重要,張君勱也曾強調中國的未來在於科學的研究,〔註69〕但科學不可能「給人類以一種道德的基礎,一種公道的制度」。〔註70〕「爲促進科學與民主計,不能不溯而上之以達於哲學」。〔註71〕張君勱以民主政治和社會主義作爲其立國之道的最終藍圖,他站在多元主義的立場,吸收中西文化中的各種理論學說,以理性主義的態度,中庸之道的方法,爲其社會主義主張建構了完整的政治理論體系和哲學基礎。

〔註66〕《中國民主社會黨招待記者談話》,《中國民主社會黨專輯》,北平:再生雜誌社,1946年,第81頁。
〔註67〕張君勱:《民主社會黨的任務》(四),《再生》1947年第164期。
〔註68〕張君勱:《民主社會主義之哲學背景》(一),《再生》1948年第221期。
〔註69〕張君勱:《中國之將來——在科學研究》,《再生》1948年第241期。
〔註70〕張君勱:《哲學家之任務》,《再生》1949年第248期。
〔註71〕張君勱:《中西印哲學文集》(上),臺灣:學生書局,1981年,第538頁。

一、多元主義的立場

　　一戰前後，多元主義流行於英法。在批判 19 世紀流行以個人主義爲基礎的自由放任主義基礎上，多元主義者認爲，一元論把個人從社會聯繫中分離出來，容易受到國家權力的侵害；在多元主義者看來，一元論是導致國家權力的無限擴張學理因素，國家獨佔權力且至高無上，最終必然產生極權主義，從而威脅個人尊嚴和扼殺個人自由。爲反對個人主義和國家至上帶來的嚴重弊端，多元主義者把現代社會中宗教的、職業的和經濟的社會團體作爲個人與國家之間的中介。認爲各種小規模的社會團體才是社會的眞正共同體，一方面這種團體可以把分散的個人組織起來，給人們一種歸屬感；另一方面，它們還可以抵禦國家權力對個人自由的侵犯，盡可能保護成員的權利。因而多元主義者十分看重社會團體所扮演的角色，極力推崇社會團體在維護個人權利和自由方面的作用。

　　1923 年的「科玄論戰」中，張君勱就已經開啓反對一元主義的思想端緒。在張君勱看來，歐洲近三百年哲學，有唯心一元和唯物一元兩種一元論，前者以黑格爾爲代表，後者以費爾巴哈爲代表。但無論是唯心還是唯物都不能單獨解釋世界的本質，因爲自然界的本體是物，而道德界的本體是心，「心物二者，爲宇宙間之根本元素，兩相對立，決不易互通爲一。」〔註 72〕張君勱明確提出：「人之生於世也，內曰精神，外曰物質。內之精神變動而不居，外之物質凝滯而不進。」「一人之身，內爲精神，外爲物質……手之所觸，目之所見者，謂爲物質。若夫心思之運用，則非手之所能觸，目之所能見，故不謂爲物質，而謂爲精神。」〔註 73〕「西洋三百年來之文明爲物質文明，其特徵主要表現爲國家主義、工商主義和自然界之智識。與西洋文明相比，我國立國之方策，在靜不在動；在精神之自足，不在物質之逸樂；在自給之家業，不在謀利之工商；在德化之大同，不在種族之分立。」〔註 74〕

　　「科玄論戰」後，張君勱開始接受多元主義的觀點，尤其在政治哲學上。從二元主義到接受多元主義，張君勱主要受拉斯基的影響，拉斯基在國家理論

〔註 72〕張君勱：《〈心與物〉譯序》，《心與物》，上海：商務印書館，1925 年，第 9～10、17 頁。

〔註 73〕張君勱：《再論人生觀與科學並答丁在君》，原載北京《晨報・副刊》，又見《人生觀之論戰》，上海：泰東圖書館，1923 年。

〔註 74〕張君勱：《人生觀》，《清華周刊》1923 年第 272 期。

上提出多元論主要是爲了反駁一元論的國家理論。一元論國家觀強調，「每個國家都必須擁有一個至高無上的主權，沒有主權也就不成其爲國家，而且每個國家只能有一個主權，如果一國之內出現了一個以上的主權，那這國家也就不復爲原來的國家」。〔註75〕以拉斯基等人爲代表的費邊社會主義者，從社會主義的立場出發反對國家的絕對權力，維護資本主義社會中工會的權力和地位，把政治權力多元化作爲他們社會主義理想藍圖的一部分。張君勱受拉斯基影響，拉氏在《政治典範》中闡述的國家學說正是建立在批判一元主權說的基礎上，主張政治上推行多元自由主義，用代議制方式將國家構建爲提供人民基本需要的中立社團；經濟上推行私人財產與社會主義的調和。〔註76〕

30 年代後，受經濟危機的影響，西方各國普遍加強了國家對社會經濟生活的干預，多元主義思想影響開始減弱。爲應對內憂外國患的局面，張君勱也主張突出國家的作用，給政府以便宜行事的權力。但他的多元化取向卻並未因此而改變，到抗戰勝利前後，無論是組建政黨的政治實踐和對中國社會問題的審視，張君勱都體現出多元主義的取向，主要從思想文化、政治和經濟三個方面體現出來。

首先，從文化思想上看，張君勱以復興儒學作爲復興民族文化的基礎。其實儒學本身就具有多元主義價值觀的特點。孔子提出「和而不同」，這種具有多元主義價值取向的思想不僅適用於處理人與人之間的關係，而且還可用於處理不同文化傳統的民族和國家之間的關係。到宋明理學時期，儒學又發展出「理一分殊」的思想，儒學的多元主義價值理念進一步體現。在「理一分殊」的思想中，世界上雖然存在著統一性的法則，但不同的思想傳統、價值信仰都可以是這種統一性的不同表現形式。儘管從春秋戰國的「百家爭鳴」到漢武帝「獨尊儒術」，儒學逐漸從一種地方性學說成爲整個中國文化的主流和國家意識形態，儒學和佛教、道家道教長期在中國社會並行不悖，相互融合補充，成爲中國的三種主要思想傳統。

從允許不同思想和主張存在的多元立場出發，張君勱說「天下許許多多的見解，可以存在，互不鬥爭，誰也不必打倒誰」。〔註77〕他進而提出中國的

〔註75〕 吳惕安、俞可平：《當代西方國家理論評析》，西安：陝西人民出版社，1994年，第 8 頁。

〔註76〕 參見本文第二章第三節。

〔註77〕 張君勱：《現代世界的紛亂和儒家哲學的價值》（下），《中西印哲學文集》，臺灣：學生書局，1981 年，第 819 頁。

新文化方針「當由我自覺，由我民族精神上自行提出要求，……西方人生觀中如個人獨立之精神，如政治上之民主主義，如科學上之實驗方法，應盡量輸入」；並要求輸入「與批評其得失，應同時並行」。〔註78〕

在張君勱看來，「自孔孟以至宋明儒者之所提倡者，皆偏於道德論。言乎今日之政治，以民主爲精神，非可求之古代典籍中也；言乎學術，則有演繹歸納之法，非可取之於古代典籍中也。」〔註79〕因此，「談道德，我們不必向西方學習，若談政治與方法，則我們非向西方學習不可。」〔註80〕當然，向西方學習，並非完全拋棄傳統，「我以爲吾國所以自處之道，曰自己努力，不可以爲傳統中之學術與制度，尚有效力，尚可遵行。唯有自己思考，自己觀察，檢討自己所有，再將自己一切與世界各國所有者，較其優劣與得失，以定其取捨。惟其有待於外人，今後將無一源（元）性之可言。其可以采擇之地，或爲西歐或爲美洲或爲印度，或爲各回教國或爲日本，其來源各異，將成爲一種多形結構」。〔註81〕因此，自由主義、民主主義和各種社會主義思想都是他的理論來源；他主張政治多元化，認爲一切社會團體及其政治主張只要不侵害個人自由都有其存在的權利；他主張經濟多元化，一切所有制經濟都有其平等的生存環境。張君勱的民主社會主義思想體系中還摻雜和吸納了許多西方政治學、經濟學和哲學觀點。從啓蒙思想家的自由、平等、博愛到新康德主義的倫理社會主義；從伯恩斯坦的漸進改良到國家干預下的計劃經濟，在他的民主社會主義思想體系中都有相應的體現。

張君勱不僅從多元主義的角度強調國家中的社會組織多元，而且還主張理論的多元化。認爲儒家思想中的致知窮理、形上形下等基本原則，與西方的哲學、科學、民主政治可以相互貫通。自覺地重新發掘儒學傳統，以「程朱理學」作爲新儒學的核心，充分發掘中西方文化的相通之處。同時，吸收西方各種哲學理念對儒學進行合乎現代性的改造，力圖融通儒家傳統和科學、民主的事業。

其次是政治上的多元化。實行以代議制爲基礎的議會民主制是張君勱立

〔註78〕張君勱：《中西印哲學文集》（上），臺灣：學生書局，1981年，第225～226頁。

〔註79〕張君勱：《明日之中國文化》，上海：商務印書館，1936年，第131～132頁。

〔註80〕謝幼偉：《我與張君勱先生》，《張君勱傳記資料》（1），臺北：天一出版社，1985年，第39頁。

〔註81〕張君勱：《中西印哲學文集》（上），臺灣：學生書局，1981年，第460頁。

國訴求的一個重要目標，通過多黨制輪流執政（至少要有兩黨存在）來體現政治民主。這種政治民主需要有多黨的存在和彼此反對，容許反對黨的存在。張君勱認為，「反對黨的任務，就在批評政府，監察政府。……國家的事情，事事公開，讓大家看見，則不但老百姓可以臨督，並且官吏亦不能舞弊。反對黨的作用，不但在批評，並且在於上面所說的公開。」「反對黨在批評時，並不是隨便亂說。……所謂批評，並不是胡說八道，其自身是負有相當的責任心，因為如果過分了，或是不切實際，人家是不人相信他的。這意思也就是：國家要反對黨，不但把事情公開，並要求人民批評，而且是使反對黨負相當的責任。」〔註 82〕正是秉承多元主義的理念，張君勱與左舜生、李璜、沈鈞儒、梁漱溟、黃炎培等人，在國社黨、中國青年黨、救國會、鄉村建設會和職業教育會的基礎上組建中國民主政團同盟，以政治聯盟的形式展開活動，在國統區開展民主憲政運動，批評國民黨侵犯人權，獨裁專制；並與共產黨建立合作互動的關係，支持中共參政員提出的召開黨派政治會議，建立民主聯合政府的主張。

張君勱政治上的多元主張，主要體現在反對一黨獨裁上。儘管有人認為，一黨握權可以達到思想統一步伐整齊，政府能迅速取得大的成績。張君勱指出「黨外無黨，則黨內必有派；聽任黨內有派之暗鬥最為惡劣，尚不如黨外有黨，兩黨或三黨公開明爭。反足以互相競賽，收彼此監督之效。」〔註 83〕在多黨共存的情況下，各黨把自己的政綱、主張公諸於國民，國民的政治智識因以增進，經過競選角逐，得多數票者立朝，得少數票者在野。立朝者自知有多數之可恃，大膽發揮其政治手腕。身為少數黨同樣列席議會，或以昔日廁身政府的經驗，對政府提案能施以嚴格批評，故在朝者施政愈不敢怠忽。

對於一些國家的多黨制，張君勱雖不贊同，〔註 84〕但也認為無可厚非，

〔註 82〕張君勱：《民主社會黨的任務》（一），《再生》1947 年第 160 期。
〔註 83〕李璜：《敬悼張君勱先生》，《傳記文學》（臺北）1969 年第 14 卷第 4 期。
〔註 84〕張君勱認為英美的兩黨制之所以優越還在於其政府不是湊起來的。他以英法兩國為例說明了這一點。在英國，保守黨下來，工黨就上去，而工黨本身是一個整體，但法國就不然，三黨四黨湊成，等於七巧板，不是整塊的，所以聯合政府也往往是最麻煩最不穩定的。法國內閣的壽命超過六個月以上的很少，而在英國 100 年來，只換了 33 個首相，內閣平均的壽命是 3 年。因此，張君勱得出結論，兩黨制比多黨制要穩定得多。組閣由議會中的多數黨，而首相就是多數黨的領袖，這樣減少了很多紛爭。參見張君勱：《民主社會黨的任務》（一），《再生》1947 年第 160 期。

他堅信「物競天擇，適者生存」的自然規律，認爲不適合國情、不順應民情的黨終究會被淘汰，因此即便中國出現了多黨局面也不必擔心。〔註85〕而對一黨制和階級專政，張君勱則始終反對，強調「吾人立論之重心，抑階級，揚國家，反對一黨專政，提倡民主。」〔註86〕認爲蘇俄式的無產階級專政是極權主義，因此他要求在黨的組織內，應允許有不同的派別存在。他最爲欣賞歐洲社會黨的地方就是社會黨人不但提倡多黨競爭，而且承認多數派的存在，在黨內自由表達個人意見還不足以確保民主，還需承認各少數派有存在的權利、有轉變成多數派的權利，這樣的民主才是眞實的民主。

再次是經濟多元化。經濟多元化在張君勱的社會主義思想主要體現在公私混合的「混合經濟」上，〔註87〕並圍繞實現個人自由與社會公道而展開。他指出：「爲謀個人生存之安全，並改進其智慧與境況計，確認私有財產；爲社會謀公共幸福並發展民族經濟與調劑私人經濟計，確立公有財產；不論公有與私有，全國經濟須在國家制定之統一計劃下，由國家與私人分別擔任而貫徹之；依全國計劃，使私有財產漸趨於平均與普遍，俾得人人有產，而無貧富懸絕之象」。〔註88〕爲實現社會公道起見，只需要將對國民經濟影響較大的部門和企業及壟斷企業收歸國有，如銀行、郵政、鐵路等，其他應允許私營。只要私營不妨礙社會經濟秩序的有序運行，它就應當受到保護和鼓勵，公有經濟和私有經濟體制可以長期並存，混合生長。政府的經濟政策應該保護私有制，並爲私有制經濟體制的發展開拓道路。

實現社會主義不在於廢除私有制，而在於如何在社會中發揮「混合經濟」

〔註85〕張君勱：《民主社會黨的任務》（一），《再生》1947 年第 160 期。

〔註86〕張君勱：《〈立國之道〉新版序》，《立國之道》，上海：商務印書館，1947 年。

〔註87〕在「混合經濟」中，從經營的主體而言，張君勱將其分爲五種：「私人經營，合作社，地方團體，立於國家監督之下的私人企業，國家」；從財產享有與利益分配而言，張君勱將其分爲三種：「各個人之私產，法人團體之公產，國家之公產」。從利益分配上考慮，張君勱也將其分爲三種：「工人兼爲股東，分享股利；私人在大企業中所得之利益，受國家之限制；國營事業利益爲全社會所共有」。他認爲，上述種種經營方式與私有公有財產，應由國家劃定相當比例，進行規劃管理，「大工業如紡紗棉織，其所有權屬於私人，而經營之法，應受國家經濟計劃局之監督；至於交通機關如鐵道，天然富力如煤礦如水力如電力乃至大工業如鋼廠之類，應由國家所有而經營」。這樣就可以避免財富集中於少數人之手而造成壟斷，從而達到實現社會公道的目的。張君勱：《國家民主政治與國家社會主義》（下），《再生》，1932 年第 1 卷第 3 期。

〔註88〕張君勱：《立國之道》，上海：商務印書館，1947 年，第 172 頁。

的經濟職能和政治職能，「與大體無關的私有財產的保存，並不妨礙社會主義之為社會主義」，甚且由私人私有還可以「增加私人的自動自發性和生活趣味」。〔註89〕只要把關乎整個國家社會、全體人民生活，以及國家安全的財產，如國防工業和關鍵工業，由國家所有，即社會化，就能把資本主義和平地轉變為社會主義。

張君勱的經濟多元化思想還體現在對資本主義經濟進行多方面的改良上，張君勱注意到，資本主義經濟制度存在著諸多弊端，「財富集中於少數人，釀成貧富之不均；無統籌全局之計劃，流於生產過剩；私人互相競爭，因競爭而生浪費」。〔註90〕社會主義必須革除這些弊病，進而他們提出了一系列改革措施。實行「計劃經濟」，吸收工人參加企業管理，認為「工會與生產者和消費者的組織是民主社會的要素」，「應使其參與擬定一般經濟的政策」；確立社會保險制度，提高人民生活水平，追求從「搖籃到墳墓」的全程保障制度等。〔註91〕

張君勱的社會主義思想之所以奉行多元主義，在理論上取決於他自由主義的基本價值觀。在他看來，人的自由與生具來，因而每個人的思想都應該是自由的，人人都有堅持自己信念的同等權利。這一認識也國際潮流中的民主社會主義主張相契合，民主社會主義「尊重人們對信仰的選擇，無論是一個政黨還是國家都無權決定信仰的內容。」張君勱之所以主張多元主義還在於他看到蘇俄的集權制和「一元化」所帶來的弊端，他已經意識到了後來各國社會黨認識到的問題，即「資本主義不可能滿足世界人類的基本需要」，「它無法避免災害性的危機和大批失業。它產生了社會的不安定與貧富之間明顯的對立。它憑藉帝國主義的擴張和對殖民地的剝削，使國家間和民族間的衝突更加劇烈。」〔註92〕於是他要求實行多元主義，走「第三條道路」。

以民主自由為基礎的社會主義能使國家、社會和個人三方面得到最好的安排，而不偏於一端。思想淵源多元化的實質在於張君勱思考中國社會問題時看到，任何一種單一的主張都無法徹底完成對中國的現代化改造，這也是張君勱

〔註89〕張君勱：《民主社會黨的任務》（八），《再生》1947年第168期。
〔註90〕張君勱：《國家民主政治與國家社會主義》（下），《再生》，1932年第1卷第3期。
〔註91〕記者：《我們所要說的話》，《再生》1932年第1卷第1期。
〔註92〕高放等主編：《當代世界社會主義文獻選編》，北京：中國人民大學出版社，1990年，第360、339頁。

在建構社會主義思想和從事政治活動中主張以多元的觀點來看待問題和解決問題的原因。在思想觀點方面，兼收並蓄各種思想理論；在組建政黨的實際行動中，也體現了他容納價值多元的立場，允許不同思想信仰的人參加到黨內來。在其組建政黨的活動中，主張國家主義的原青年黨成員加入到國社黨中，後又與海外民主憲政黨整合為中國社會民主黨。就連改造國民生活風氣的運動，張君勱都要求「應無黨派的界限，不論其為極右派或極左派，大家共同努力，由各黨各派共同來提倡，不為一黨一派所包辦，可免彼此傾軋之惡習。」〔註93〕

二、理性主義的認識

張君勱在綱領著作——《立國之道》一中提出：「歐洲宗教改革以來之理性發展，實為我們學術政治改革之唯一方針。」〔註94〕他認為現代文化由三個運動而來，一是宗教革新，二是科學發展，三是民主政治。這三個運動是由歐洲文藝復興「人的發現」而興起的。從此之後，人是頂天立地、有其自身的價值的觀念才被確認。其中，宗教改革就是以人為本位，來判斷教會的是非。科學發展就是拿人的智慧來研究自然現象。至於民主政治，就是以人的尊嚴，天賦人權之理來推翻專制政治，建設合於人類尊嚴的政治。「從人的尊嚴，發生人的智慧，人的辨別，人在政治中的地位」這三個運動，「另外有一種客觀標準存在，這就是人類的理性……理性可以達到客觀的真理，是為科學與哲學成立之依據。」〔註95〕

那麼，在張君勱的理念中，究竟何為理性。在為張東蓀《思想與社會》一書序言中，張君勱明確表示：「我所謂理性，雖沿歐洲十八世紀之舊名，然其中含有道德成分，因此亦可徑稱為德智主義，即德性的理智主義，或曰德性的唯心主義也（柏氏亦重心，然謂心之作用為行動為自由，故為反理智的，反理性的）。吾所以推尊理性，以為應駕理智與行動而上之者，蓋以為理智如刀，用之不得其當，鮮有不傷人者；行動如馬，苟不繫之以繩繼，則騎者未有不顛且順者。重理性者，所以納二者於規矩之中也」。19世紀以來的社會主義，「推廣自由平等博愛之精神於一般勞動者之身」，皆是理性發展的結果。〔註96〕

〔註93〕張君勱：《立國之道》，上海：商務印書館，1947年，第321頁。
〔註94〕張君勱：《立國之道》，上海：商務印書館，1947年，第280頁。
〔註95〕張君勱：《民主政治的哲學基礎》，《再生》1948年第240期。
〔註96〕張君勱：《張東蓀著〈思想與社會〉序》，《東方雜誌》1944年第40卷第17號。

　　張君勱思想來源複雜，儘管 20 世紀 20 年代曾受柏格森創化論和倭伊鏗生命哲學的影響，在批判性地吸收的基礎上，他亦指出「西方反理性主義哲學以三人為要角，柏格森、倭伊鏗及威廉詹姆」，「彼等之共同處，即為理智不能解決一切問題。」〔註 97〕「倭氏柏氏書中，側重於所謂生活之流，歸宿於反理智主義，將一二百年來歐洲哲學系統中之知識論棄之不顧。……倭氏柏氏提倡自由意志，行動，與變之哲學，為我之所喜，然知有變而不知有常，知有流而不知潛藏，知行動而不知辨別是非之智慧，不免為一幅奇峰突起之山水，而平坦之康莊大道，擯之於視野之外矣。」〔註 98〕鑒於柏格森與倭鏗學說的缺限，張君勱更欣賞康德哲學，康德「不否認知識與外界經驗有密切關係，把經驗與先天方式融合於一系統之中」。〔註 99〕

　　作為反理性主義的柏格森、倭伊鏗等人的哲學，之所以得到張君勱一定程度的認同，是由於「此派好講人生，講行動，令人有前進之勇氣，有不斷之努力」；而「智慧常自封於既有之範圍，抉此藩籬者，惟活動耳」。張君勱認為，過於理性則易於「封於故步」，惟有行動、冒險，才能衝破藩籬，開闢新境界，「此生物界中生命大流所以新陳代謝也」。但只知有行動、有衝破，「以棄舊而謀新，則社會之亂終無窮期」，而平和秩序的建立也就遙遙無期。從歐洲各國的歷史經驗來看，如德、意、法等無不經歷多次革命，更有納粹黨人之依附其說，這也即唯意志論的流弊。「遵理智主義與理性主義以行，對於物之性質，對於人之相處，皆應研究其所以如此如彼之理。其行事也，自有物理，自有人情，為之依據」。張君勱主張遵理性主義而行，並非反對行動、反對冒險，而是要求行動和冒險，「當有其所以然之故，當有其正當之理由，……不流於孟浪，不擲於虛擲，而有益於國家與人類之幸福。」〔註 100〕為此，行動與冒險皆應納入理性之中思考方可行之。

　　柏格生、杜威、倭伊鏗等人竭力主張行動在前思想在後，認為科學與制度皆起於人類的欲望、利害、要求。但這種學說流行後，「就無所謂科學真理，一切得合於政治、社會，此即所謂政教合一，這種情形，在法西斯國家與俄

〔註 97〕張君勱：《民主社會主義之哲學背景》（四），《再生》1948 年第 224 期。

〔註 98〕張君勱：《我之哲學思想》，《中西印哲學文集》（上），臺灣：學生書局，1981年，第 44～45 頁。

〔註 99〕張君勱：《立國之道》，上海：商務印書館，1947 年，第 306～307 頁。

〔註 100〕張君勱：《張東蓀著〈思想與社會〉序》，《東方雜誌》1944 年第 40 卷第 17號。

國都有同樣表現」。學術、制度無客觀的標準，皆可以階級、民族之私利作出發點。且各就主觀、個體的好惡立出一個標準，則科學無國界之說，四海之內皆兄弟之說，都不能成立。學術失其客觀標準帶來的惡果是：「人類的法律制度亦無共同的標準」，所以如果客觀眞理不存在，則學術無法發展，社會安寧無法維持，這是社會的一大危機。張君勱指出，「自從有了意志主義派的哲學，所以主張行動激進，衝動皆由此而起」。從各國革命歷史上所得的教訓是：「單單從行動衝動是不能達到人類的幸福的，往往推翻復一推翻，不得美滿的結果，如果於行動之先，能以理智前後多加考慮，倒反可以一步一步前進而得到堅實的基礎」。因此他提出「理性的意志」才是民主政治的基礎，只有在此基礎上，中國的民主政治才能確立起來。〔註 101〕

　　理性是張君勱「將國家、民族與個人的各種價值貫穿到一起並達到平衡的一條金線，在張君勱的哲學思想中理性佔據著重要的位置，國家是理性的，個人自由亦是理性的表現。」〔註 102〕在張君勱看來，無論是政治、經濟，還是宗教，都以理性爲出發點。社會契約論正是從理性出發，研究人類政治組織起源，認爲人類天生自由平等。在此前提下，所以說國家主權應操於人民全體之手，因此而成爲十九世紀式之民主政治；從經濟方面來看，重農學派與古典學派的成立也同樣以理性爲出發點，在經濟行動內，有自然公例，這種自然公例都是在人類計算利益中當然發生的；就宗教思想而言，反對傳統的宗教，「有一派人創所謂自然宗教，他不相信有造物主，但是相信世界上有無形的道理，這道理是造成世界的總原因，此可謂爲以理性爲主之宗教」。然而，到了十九世紀末年，哲學方面如柏格森主張「衝動」說，倭伊鏗主行動主義，在這時候，不但二氏之哲學如此，在政治、經濟上亦有同樣現象。政治現象不是從理性出來，是從非理性出來的，「政治現象中如群眾心理，如群眾催眠，在情感熱烈的時候提出若干主張，往往很易得到人的同情」。法國工團主義者將柏格森學說應用到大罷工而不計算利害如何，就是非理性體現。此外，馬克思等主張奪取政權，張君勱認爲，既然是「奪」，那就離不了強力，故便無理性可言，所以他認爲 19 世紀末 20 世紀初的哲學、政治、經濟都爲非理性主義所支配。〔註 103〕

〔註 101〕張君勱：《民主政治的哲學基礎》，《再生》1948 年第 240 期。
〔註 102〕李秋成：《理性的國家與自由的消解》，《現代法學》2002 年第 2 期。
〔註 103〕張君勱：《我從社會科學跳到哲學之經過》，《再生》1935 年第 3 卷第 8 期。

　　張君勱將西方文化源流分為宗教改革、文藝復興、科學興趣之重興、民主政治運動四大運動，認為每一運動背後都有其一以貫之的精神，「即各人理性與人格之發展」。宗教改革乃因教會腐敗，路德提出「良心上之自動自發說，要求信仰與行為之一致」，對於權力無限的教會予以極大打擊。「由路德自身而推及於一般社會，至後來各國憲法上有所謂信仰自由思想自由之規定，即由此而來」。至於文藝復興，「並非盲從古書之謂，而是溫故知新的運動。讀古人書，貴乎以自己理智運用之」。關於科學興趣之重興，因培根以「自實驗入手的精神」，「從自然界考察入手」的方法，方有哥白尼、伽利略、牛頓等人的成就。「因此人之智之發動，把數百年來相沿之見解廢棄而推翻之，而新自然法則因以確立。」從以上三項觀察，張君勱認為，人類心思既經發動之後，先影響於宗教學術，其次乃及於政治。「人類是自由的、獨立的、平等的，一國以內不應有特殊階級之存在，在法律上應該人人平等，」於是乃有以社會契約為基礎的民主政治，亦即「十九世紀中各國憲法」的精神所在。歐洲因有此四大運動，始造成近代式的國家。教育之普及、義務徵兵之實現、農工商之發展、科學之發達，凡此皆所以成其現代國家者，都是理性支配的結果。故張君勱強調，「而歐洲宗教改革以來之理性發展，實為我們學術政治改革之唯一方針。」〔註104〕中國應以歐洲的新思潮，從宗教革命起到民主政治止，以其理性發展，為中國文化前進的方向：「（一）科學方面之實事求是與其正確性，大可糾正我們『差不多』之惡習；（二）哲學方而之論理學，大可糾正我們議論縱橫，漫無規矩之惡習；（三）至於政治社會方面。應尊重人格，擡高民權，一方解除平民疾苦，他方許人民以監督政府之權利，使政界污濁風氣，可以廓清。」有此三種大改造，則中國之進為近代國家，一定可以成功。〔註105〕

　　在張君勱的哲學理念中，人類的精神和社會現象，皆源於人類理想與理性運用於客觀環境的結果，人類的理性是國家理性的基礎，國家的各項典章文物都是人類意志力和理性的表達。正是在這種理性主義思想的指引下，張君勱精心設計一個政治民主、個人自由與社會公道的社會主義國家藍圖，這一藍圖涵蓋了民主、法治、平等、自由等價值訴求。在制度層面兼具資本主義與社會主義的優長之處，即實行社會主義下的統籌管理和指導的同時，不

〔註104〕張君勱：《立國之道》，上海：商務印書館，1947年，第276～280頁。
〔註105〕張君勱：《立國之道》，上海：商務印書館，1947年，第283頁。

能妨礙資本主義下的自由發展。尤其重要的是，張君勱藍圖不僅僅是以實現國家富強、民族振興為目標，同時重視民主制度下個人自由的實現與發展。基於這一考量，張君勱廣泛考察了東西方各國的政治、經濟制度，全面分析其長短得失，結合中國當時的實際需要，對民主政治進行修正，以期達到權力與自由的平衡。

三、超越左右的中庸之道

　　張君勱強調，人類處於兩界之中，一方面為物質，一方面為心靈（思想）。人類運用其心靈求所以宰制自然，是為知識；然同為人類，人與人有待人物與團體生活之規範，是為道德。「二者和濟為用，不可或缺，猶車之有兩輪，其一或傾或折，則滯於中途而喪其前進之能事」。〔註106〕因而在社會發展中，既要重文物制度，也要重視道德價值，二者不可偏廢。一部人類進化史，雖有因時因地之變遷，但亦有「尊重人類價值人格尊嚴與團體生活中之仁愛正義忠恕和好與公平競賽之諸美德」。如果忽視人格尊嚴和道德價值，人與人相處必將「以技巧以謀略為制人之工具，人生惟有流於詐謀欺騙，而慘無人道」。無論文物制度如何發展和變化，向於「真」「善」的道德價值始終不能拋棄，「其有背此原則者，只知有己有黨派而不知有人，但口說所謂集體而否定集體中分子之價值，甚至但知有權謀術數以為保持政權之計，至於人類有史以來所謂善惡是非者，則盡棄之不稍顧惜。吾見此類人群將絕不知有生人之樂，自亦不知自動自發自立與自己負責，而成為麻木不仁痿痺癱瘓，奄奄待斃之木偶，而國其何以立哉？」〔註107〕

　　張君勱推崇康德，一方面是因為康德訴諸理性而非純任直覺，另一方面則基於知識與道德在康德哲學系統中，有其經過批判之後的適當定位。關於張氏自己的哲學立場，他說：「我自身哲學能否自成一個系統乎？我可以答之曰有，是為唯實的唯心主義。我之系統中，以萬物之有為前提，而其論心之所以認識與文物之所以建立，則以心之綜合與精神之運行為歸宿。」「或者曰如子所為，殆不免於雜糅或折衷或調停兩可矣。我自問是否犯此病，如我但

〔註106〕張君勱：《我之哲學思想》，《中西印哲學文集》（上），臺灣：學生書局，1981年，第43頁。
〔註107〕張君勱：《我之哲學思想》，《中西印哲學文集》（上），臺灣：學生書局，1981年，第54～55頁。

揉合二三派而依違其問，成為折衷派之一人。然我知我之思想自有一根骨幹，而以唯心論為本，兼採唯實論之長。我之骨幹，不因他派之長之采擇而動搖，反因他家之長而不致走入一偏。……前人之融會貫通，自有為吾人所當取法者。」〔註108〕

張君勱認為，中國面臨的是思想自由而眾說紛紜的時代，「其在政治學上，有個人與國家，自由與權力之爭。其在經濟學上，有自由放任與計劃統制，資本主義與社會主義之對立。其在社會學上，或側重進化中之制度，或側重職能」。在各種思想相互激盪的情況下，惟有做到：「第一曰不隨聲附和；第二曰參互比較以求其正反兩面之是非；第三曰敢對外人議論為之折衷至當。」〔註109〕只有這樣，中國思想界，方能有向於獨立自主而終將發揚光大。在張君勱的思想體系中，政治經濟文化三方面都體現出中庸的原則。在政治方面，張君勱主張：「國家政事重在效率，貴乎敏活切實；社會文化欲其發展，當任其自由歧異，以此為集中與開放之分界」。權力與自由不能偏廢，「國家的政治求其敏捷與效率高，只在於行政系統是否如身之使臂，臂之使腕，而對於社會上的活動並無關係。……所以我們主張為增高政治效率起見，政府權力當然宜於集中，但集中的限度是以行政為界，斷不容侵犯到社會上去，把人民的自由來限制。質言之，我們的意思以為必須做到政權務求其統一，而社會務使其自由思想務聽其解放。」權力與自由的協調體現在經濟方面，則為：「為個人謀生存之安全並改進其智慧與境況計，確認私有財產；為社會謀公共幸福並發展民族經濟與調劑私人經濟計，確立公有財產；不論公有與私有，全國經濟須在國家制定之統一計劃下，由國家與私人分別擔任而貫徹之」。權力是計劃、是系統、是規範；自由是意志、是機動、是精神。如果「沒有系統與軌範，將無以端其趨向，結果不免於亂；若無機動與精神，將無以促其向上，結果不免於死亡」。張君勱將其簡括為「法」與「力」的協調。並認為「這兩個原素無論在自然，抑在社會，都是必具的，而在社會方面則尤顯」。原因是社會為人類的集團，社會現象不同於自然現象的地方，就是社會有人的意志參加其中，所以既不能忽視物而只承認心，也不能只承認物而否認心。〔註110〕

〔註108〕張君勱：《新儒家哲學之基本範疇》，《中西印哲學文集》（上），臺灣：學生書局，1981年，第540頁。

〔註109〕張君勱：《我之哲學思想》，《中西印哲學文集》（上），臺灣：學生書局，1981年，第60、62頁。

〔註110〕張君勱：《立國之道》，上海：商務印書館，1947年，第369～370頁。

心與物的關係投射於現實社會生活中，即意志與理性的問題。張君勱認爲，人類的理想與理性之運用客觀環境，於此而顯人類精神，於此而成社會現象。從權力與自由而言，「權力是一架敏活機器的運轉力，這是屬於物的一方而，自由是人類前進的動力，這是屬於心的一方面」。人類的意力，在任何社會現象、社會集團中，無往而不有其表現。在政治方面注重效率與進步，即用心思組織一架敏活的機器。每一架機器，都是由於參照客觀環境，將人的意力灌輸於其中而造成的。張君勱進而指出：「按照人類社會而言，每一套權力系統都參與人類意力於其中，決不是獨立於人類之外，與物理世界一樣，客觀地在外界存在。這套機器是經過一番意匠，投之於外，有似於物化。其實它是心的物，有理想的事實。」政治系統是如此，經濟系統亦是如此，在整個社會中，沒有一個孤獨外在的經濟結構。人類參加一個集團而從事生產，然便是經濟行爲。有了組織，便是結構，便是它所以成爲系統的規範或格式，這個便是政治。有政治統轄於其中，即有人類意力灌輸於其中。所以經濟結構決不是純粹物質的，是常常在一個有制度性的「行進」中修改著、整飭著、前進著。〔註111〕所以無論是政治還是經濟，都不可能只有理性而無意志，也不可能強調意志而忽視理性，政治、經濟、文化制度都是人類意志力和理性共同作用的結果。

張君勱以中庸的立場思考問題，並非簡單的折中調和，而是打通二者同，力求超越左右。誠如他所言：「吾人今日回想《易經》所謂形而上者謂之道，形而下者爲之器，或事外無道，道外無事之言。是道與器道與事雖各在一界之中，然其間自相爲貫通。質言之，形上形下，初非互相對立，而有一以貫之妙用存乎其間也。」〔註112〕以此理念爲基礎，張君勱的立國訴求表現出超越左右的中庸之道，即在國家制度設計和經濟思考中以中間路線爲取向。

張君勱的中間路線以「修正的民主政治」和「國家社會主義」爲基礎，旨在克服民主與獨裁兩種制度的弊端，於自由與權力之間尋求平衡。張君勱從各國政治發展格局觀察，因權力與自由之間的配置不同而形成兩種不同的政治制度，一種是以英、美、法爲代表重自由而忽視權力，「議會政治之下，各黨林立，使政府不能安定；如人人有結社之自由，因而工人挾工會以聯合罷工」；另一種則是自由行使過度，引起反動而出現的新集團權力主義，以蘇、德、意爲代表，

〔註111〕張君勱：《立國之道》，上海：商務印書館，1947 年，第 372～373 頁。
〔註112〕張君勱：《我之哲學思想》，《中西印哲學文集》（上），臺灣：學生書局，1981 年，第 59 頁。

其中又可分為「新集團權力主義中之左派」的蘇聯，與之相反的德、意。就中國所處時代而言，「一方為英、美、法之民主與自由主義，他方為俄、意、德之新集團權力主義，素來耳濡目染於英、美憲法政治之下者，自以民主政治為我之趨向；其急於求功者，或左傾而嚮往蘇俄，或右傾而嚮往意、德。」〔註113〕中國介於世界兩種潮流對峙之中，「在經濟上言之，一方為資本主義，他方為共產主義；就政治上言之，一方為十九世紀式之民主政治，他方為俄、意、德之反民主政治。吾中華民國苟不願為世界兩大壁壘所拉扯；惟有超然兩者之上，自求解決之法。」〔註114〕因此，張君勱吸收拉斯基調和「國家」、「社會」和「個人」的民主思想，提出「修正的民主政治」，不僅「國家政事貴乎敏活切實」，而且還要「社會確立平等基礎」，同時「個人保持個性自由」。〔註115〕從而使權力與自由達到平衡，確保國家握有權力，社會維持公道，個人享有自由。中國未來的政治制度不同於蘇俄德意的「反民主」獨裁政治，也有別於英美的傳統的民主政治，是對民主與獨裁進行過調整和修正的政治。

中間路線既體現在政治審視上，又表現在經濟思考中。張君勱認為，在西方傳統的放任經濟模式下，「政府不加干涉，聽人民自由處理；人民自負責任，因而私人自立發展；人民自負盈虧之責，故經營事業的方法，合於經濟原則，」這是放任經濟模式的優點。然它的缺點也十分明顯，「財富集中於少數人，釀成貧富不均；無統籌全局之計劃，流於生產過剩；私人互相競爭，因競爭而生浪費」。再回頭觀察蘇俄經濟發展模式，「俄立於計劃經濟之下，故能通盤籌劃；加以其工業本不發達，故不致有過剩之病；且合公私力量之土地資本勞力三項，以實行其建設計劃，自比英美兩國一任私人各自為政為有效。」因此，「今後之國家建設，既不能如英國之放任主義，以私有企業之主體建設國民經濟；亦不能採取共產主義之主張，以階級鬥爭為手段，將私有企業制度整個打倒，代之以整個的國有企業」。今後經濟建設的出路，惟有國家社會主義而已。一方面求國家之自足自給，也即民族自活；另一方面求社會公道之實現，而獎勵個人之自發自動的精神。〔註116〕

〔註113〕張君勱：《立國之道》，上海：商務印書館，1947年，第150～152頁。

〔註114〕參見《立國之道》（自序），上海：商務印書館，1947年。

〔註115〕張君勱：《國家民主政治與國家社會主義》（上），《再生》1932年第1卷第2期。

〔註116〕張君勱：《國家民主政治與國家社會主義》（下），《再生》1932年第1卷第3期。

小結

　　1940 年代是張君勱社會主義思想成熟和完善階段，對民主政治有系統的理論表述，社會主義思考也有哲學層面的建構。他利用共同抗日的機會推進民主憲政的發展，在國民參政會的平臺上，組織民主政團同盟，推動戰時憲政運動。在張君勱等民主人士堅持不懈的努力下，中國的民主憲政運動在 1940 年代形成一個小高潮，民主黨派空前活躍，並形成國共之外的「第三勢力」。

　　作爲純理論範疇的思考需要有一以貫之的精神才有說服力和影響力，但要將思想理念轉化爲具體實踐，則要根據社會發展的實際需求進行不斷調適。同時兼具思想與行動的張君勱，既有對民主價值理念一以貫之的堅守，也有根據政治形勢變化不斷調整民主政治重心的關注。他 1930 年代強調突出國家的作用，而這一時段則調整爲重視人權的保障。民主是張君勱矢志不渝的追求，但對民主政治的實現方法和具體形式，則根據時代變化的需要和社會發展的需求進行合理調適。抗戰勝利前後，他一方面致力憲法的制定以推動民主政治的實現和人權的保障；另一方面將中國國家社會黨改組爲中國民主社會黨，造成多黨存在的局面，從實際行動上實踐民主政治和社會主義的具體理念。因爲有了憲法和社會主義主張，並不意味著民主政治和社會主義就一定能夠實現。憲法只有落實到實際制度層面才有意義，社會主義主張只有進入實施階段才有可能實現社會公道。無論是憲法的落實和社會主義的實施，都需要現代政黨的力量進行推動，這也是張君勱組建中國民主社會黨的主要目的。

　　抗戰結束後，中國的政治走向成爲知識分子關注的焦點，各種政治勢力紛紛借住不同政治團體表達自己的相關訴求，國共兩大強勢政治勢力以武力爲後盾。儘管中國的政治局面異常複雜，但實質問題卻很簡單，即如何結束國民黨的一黨「訓政」，實現民主憲政的國家體制，多黨並存是張君勱思考改變國民黨一黨獨裁局面的出發點。通過之前的政治實踐和理論思考，張君勱對政黨也進行了具體的定義，認爲政黨是一個有主義、有宗旨、有目的、有共同信仰、有紀律的政治團體。眞正的政黨，應該離開武力地盤，離開獨霸主義，還要承認某些基本問題，對於憲法和政治習慣，要有共同的信仰。基於這些前提，張君勱提出民主社會黨的路線：「第一、勉爲和平的政黨，反對政黨武裝；第二、確立兩黨以上的政黨政治，反對一黨專政；第三、採用合法手段，貫徹主張，反對『有己無人』式的主張與宣傳；第四、採用漸進方

式，實現本黨主義，然非以零星改良爲滿意，自有其以社會主義改造國家的基本信仰，故其大目標爲進化式的革命（Evolutionary Revolution）。」〔註117〕

　　通過對西方民主政治的深入考察和民國以來中國政治演進現狀的反思，以及組建國家社會黨的實際運作經歷，張君勱在新形式下對民主理念的調適體現在三個方面：一是將民主的核心價值——自由、平等、人權等理念納入到社會主義體系中進行審視和建構；二是由強調國家的作用轉變爲重視人權；三是進一步發揮超越左右的第三條路線。張君勱根據國際國內形勢的變化和政治發展的走向，不但對民主政治作出與時俱進的調適，而且還進一步審視了民主與社會主的具體關係。結合民主政治發展和演進的歷史脈絡，張君勱將民主分爲發軔期、挫折期和推廣期。在多元主義的立場下，張君勱兼收並蓄各種思想理論之長，始終堅持理性主義的認識方式，不斷調適民主政治的相關理念，建構以個人自由、政治民主和社會公道爲基礎的立國之道。

〔註117〕張君勱：《民主社會黨的任務》（一），《再生》1947年第160期。

第五章　旅居海外時期的社會主義思考

　　在抗戰勝利後的國共之爭中，張君勱不贊成共產黨的主張，也不認同國民黨的政策，而是持一貫中立的立場，而中立者沒有實際的政治利益。對於張君勱而言，1949 年他人生的重大轉折——被新政權定爲 43 名戰犯之一。張君勱反對戰爭，從創立國家社會黨到後來的改組民主社會黨始終堅持「不擁有軍隊」的原則，一生反對專制獨裁，力主和平改良的民主政治，因此先後開罪於袁世凱、段祺瑞、蔣介石等人，爲了實現個人自由與社會公道的立國訴求，人身安全多次受到威脅。儘管如此，他依然堅持致力於民主憲政和復興中國傳統文化的努力，並以此形成中國文化與西方民主政治並行發展的思想體系。1949 年 11 月，張君勱應印度教育部邀請，前往新德里講學，主題爲「中國孔孟哲學」，開始了他飄零海外的晚年生活，儘管在政治上他失去了實踐的平臺，但卻爲他重返學問國提供了空間。自 20 世紀初開始追隨梁啓超從事立憲活動，在近半個世紀的時間裏，他的主要精力都精中在政治活動上。自 1949 年旅居海外後，多是從學術上思考儒家文化的復興和中國的未來。在離開大陸之前，張君勱曾發表《哲學家之任務》一文，指出哲學家應「將物理、生物、人類、宗教等問題，綜合爲首尾一貫的合理基礎」；方法是通過哲學家的綜合分析，在批判的基礎上，得出智識的眞正意義。〔註 1〕流亡海外的張君勱，始終致力於這一基礎的建立，以介乎東西古今之間的超越心態，審視東西文化的長短優劣，通過對儒學經典的詮釋，實現中國文化的返本開新。

〔註 1〕張君勱：《哲學家之任務》，《中西印哲學文集》（上），臺北：學生書局，1981年，第 84 頁。

第一節　儒家傳統中的社會主義資源

旅居海外之前，張君勱雖然也十分重視儒家文化的重要性，並將其提升為民族復興的學術基礎，認為「民族建國之大業，非易而言焉，必先於隱約之中有為之枝葉附疏者。伸言之，始為伏流，終為顯流，始為不自覺，終為自覺，始發於情感理智之中，終現於意志而決於行為，乃民族建國必由之途徑矣。」英國民主憲政的實現以莎士比亞、培根、密爾為先導；法國大革命的成功以笛卡爾、孟德斯鳩、盧梭等為前驅；德意志的統一得益於康德、費希特、黑格爾等人的培養。由此，張君勱提出，「民族之自信心、自尊心，而間接推動民族建國之大業。我之所謂由伏流而進為顯流，由不自覺而進為自覺者，其義若此。」張君勱進而指出，民族建國的大前提是「民族情感、民族思想、民族意志之融化。」〔註2〕但無論是民族自信心、自尊心，還是民族情感、民族思想和民族意志，均須向歷史傳統中尋求資源。「惟此推本於古代文化之政策中，然後求得吾族之真正自我，不獨其源流貫通，且於新文化中自能發揮吾族之特點。」從西方的經驗觀察，「英有英之經驗哲學，德有德之先驗主義，英有英之憲法政治，德有菲希德（今譯為費希特——引者注）、黑格爾之國家觀，彼等不以模仿他人為能，惟務發揮一己之特長，乃其文化之所由立也。」〔註3〕中國的出路在於，文化上發揚中國傳統復興儒學，制度上採用西方民主政治現行社會主義。總之，旅居海外之前，張君勱在尋求立國之道的制度建構中，多是批判儒家傳統的弊端，認為儒學復興只在於文化建設而非制度建構。1949 年國民黨政權退居臺灣，張君勱亦旅居海外，由於苦心制定的憲法在大陸失去認同，也失去政治參與的機會，故晚年多致力中國傳統文化的反思和梳理，並思考從儒家思想中發掘民主政治和社會主義的傳統資源。

一、中西彙通的基礎

中國向何處去？如何推動傳統中國向現代中國轉換？始終是張君勱一生致力於問答的問題。旅居海外後，儘管他的主要重心在於復興儒學的文化思考，但也並未放棄對民主政治的審視和社會主義的追求。在對儒家文化進一

〔註 2〕 張君勱：《〈民族復興之學術基礎〉緒言》，《民族復興之學術基礎》，北平：再生社 1935 年。

〔註 3〕 張君勱：《明日之中國文化》，上海：商務印書館，1936 年，第 160 頁。

步梳理中，張君勱堅定地認爲，復興儒家哲學是中國實現民主社會主義和現代化的必要途徑，因爲儒學傳統中擁有中西彙通的基礎。

　　1956 年，在美國出版的英文著作《中國第三勢力》，通過對中西文化對比分析，張君勱洞察到：「西方將其政府的原理建立在一套法典（a code of law）上，而中國則將其政府原理建立在一套倫理律則（a code of ethics）上」。中國的政治思想家純粹從道德或倫理的觀點來看待政治問題，而不是像西方一樣從馬基雅維利式的觀點來看待政治問題。西方把國家與個人視爲兩個分離的實體，各依不同的原理來約束。政府立基於法律與制度的基礎上，被置於議會的約束之下，政府的職能，則由既定的慣例來規約。張君勱認爲，「只要政府立基於皇帝及其臣僚的意志之上，那麼『權力體制究竟是好是壞』的問題，就只能由皇帝或由大多數的人民來決定」。人民反對政府的權利通過在議會體制內的法案來行使，遠勝過長期積壓後以暴力革命的方式來行使反對政府的權利。不過，在中國的歷史形態中，始終沒有形成代議形式的政府。張君勱將其歸結爲「缺乏貴族階級」。〔註 4〕雖然儒家文化中最終沒有形成現代民主制度，但並不能成爲中西文化融會貫通的障礙。事實上中西文化在很多理念上具有相通之處，在張君勱的思想邏輯中，這種相通使中西彙通成爲可能。

　　就儒學中的核心要素——「理」而言，張君勱認爲，「二程」與康德、蘇格拉底相似，朱熹和亞里士多德相近。程顥提出「天理一字卻是自家體貼出來」（《宋元學案》，卷十三，「程顥」），張君勱認爲，他所指的「理」很接近康德《實踐理性批判》和《純粹理性批判》中所說的「理性」；〔註 5〕而程頤提出「性即理也」（《宋元學案》，卷十五，「程頤」），儘管在歐洲哲學家看來，這一說法不可思議，但張君勱強調，「如果仔細地分析和說明一下，歐洲哲學家便會相信，東西方思想根本是一致的。」張君勱將西方哲學分爲經驗主義和理性主義：「經驗主義者認爲，知識來自於感覺和印象；而理性主義者卻說，因果律的觀念並不出現於感官可以發現的材料中。」因果律觀念是人類判斷基礎的一種，「性即理也」無非表示理性主義者的看法，即思想形式先天地存在於心中。張君勱指出，理的根本是相反者的相互消長，即程顥所說的「萬物莫不有對，一陰一陽，一善一惡，陽長則陰消，善增則惡減。斯理也，推之其遠乎，人只要知此耳。」（《宋元學案》，卷十三，「程顥」）張君勱認爲，

〔註 4〕　張君勱：《中國第三勢力》，臺北，稻鄉出版社，2005 年，第 332～333 頁。
〔註 5〕　張君勱：《新儒家思想史》，北京：中國人民大學出版社，2006 年，第 17 頁。

這種相反相成的看法與蘇格拉底的意思相通，蘇格拉底說：「萬物不是產生於對立者之中嗎？我所說的是善惡、公正和不公正——還有無數的其他對立者。都是產生於與本身相對者。我要告訴各位，在一切對立者之中，必然有相同的變化消長。」儘管朱熹和亞里士多德在時間上相距一千五百餘年，在張君勱看來，他們的思想卻非常相近，「兩人都認為，本體並非離開現象存在，他們不認為共相可以離開殊相獨立存在。兩人之間還有一點相同的地方，即都認為實質不能離開形式。用朱子的話來說，無理即無氣。亞氏說世上有非物質性的形式原則，而這些中國哲人則說，在原則上，理先於氣」。〔註6〕張君勱引用阿道夫・賴希文（Adolph Reichwein 現譯為利奇溫）的看法，說明中西文化不僅既有相近之處，並且「歐洲哲學和科學思想的復興——它表達在理性主義（Rationalism）、自然權利（Natural Right）與自然法（Natural Law）等概念，在很大程度上是透過對中國經典的研究而得到啟發的。」據此，張君勱說：「十七與十八世紀所迅速傳播的理性（Reason）和自然法的觀念，都和中國的理和道有密切的關係」，理和道「相當於笛卡爾、萊布尼茲與康德的哲學體系的起點；當理性發現了哲學和科學的真理時，這些真理就被稱為自然法。至於個人的基本自由，則以自然權利之名而具體化。」張君勱並不否認，「哲學和科學概念都是以歐洲的思路而形構的，」但其靈感應是來源中國，他相信，未來的研究「將會發現許多中國思想與歐洲理性主義之間的共通處」。〔註7〕

在「人性觀」上，中西方也有相同之處。張君勱以傑斐遜（張君勱譯為「傑佛遜」——引者注）為例，傑斐遜曾提出：「道德感是我們構造的一部分，猶如感覺、視覺、聽覺是我們構造的一部分然，睿智的造物者必定是認為：這是一個注定要生活在社會裏的動物所必須的。」此外，傑斐遜又說：「我衷心相信道德本能的普遍存在。我認為，它是裝點人類性格的最明亮的寶石，缺乏它，比最醜陋的肉體變形還更為可恥。」而儒家的重要代表人物孟子說：「人皆有不忍人之心。……所以謂人皆有不忍人之心者，今人乍見孺子將入於井，皆有怵惕惻隱之心……無惻隱之心，非人也；無羞惡之心，非人也；無辭讓之心，非人也；無是非之心，非人也。惻隱之心，仁之端也；羞惡之

〔註 6〕 張君勱：《新儒家思想史》，北京：中國人民大學出版社，2006 年，第 17～18 頁。

〔註 7〕 張君勱：《中國第三勢力》，臺北：稻鄉出版社，2005 年，第 339～340 頁。

心，義之端也；辭讓之心，禮之端也；是非之心，智之端也。人之有是四端也，猶其有四體也。有是四端而自謂不能者，自賊者也；謂其君不能者，賊其君者也。」（《孟子‧公孫丑》）張君勱認為，孟子提出的惻隱之心、羞惡之心、辭讓之心、是非之心與傑斐遜的人性觀並無二致。此外，傳統中國哲學對人的價值和尊嚴有很高的評價，儘管儒家並不強調個人主義的觀念，但不能否認，人的尊嚴與人的價值是儒家哲學的基礎。人的尊嚴何在？孔子的回答是：「富與貴，是人之所欲也，不以其道得之，不處也；貧與賤，是人之所惡也，不以其道得之，不去也。」（《論語‧里仁》）張君勱認為，這種自由的、道德的人格觀念，正與傑斐遜的一致，即：「在自然法之下，所有人都是生而自由的，每個人生來世上就都帶著對他自己人身的權利，包括了依己之意來改變和使用其人身的自由（liberty）。此所謂人身自由（personal liberty），它是自然創物者（the author of nature）所賦與的，因為它是他的生存所必須的。」〔註8〕

人民有改變政府的權力，即革命權，是政治準則中不可缺少的一環。對於西方思想家洛克、盧梭、傑斐遜等所提倡人民有「改變現在政府的權利」，張君勱認為這在中國先秦時代就早已得到公認。雖然中國傳統制度並沒有真正意義上的「皇帝對人民負責」，但是卻有一種天命（Mandate of Heaven）觀，即：如果皇帝濫用權力，使人民再也無法承受了，那麼天命就必須以造反權（right of rebellion）的形式，還諸人民。這種天命，這種意義的責任，雖然並不受法律的限制，也不以憲法為基礎，但是卻約束了皇帝的行為，並使他的特權限定在一定的範圍內。〔註9〕孟子被問到：「臣弒其君可乎？曰：賊仁者謂之賊，賊義者謂之殘，殘賊之人謂之一夫。聞誅一夫紂矣，未聞弒君也。」（《孟子‧梁惠王下》）也就是說，當統治者的行為如盜賊、惡棍時，他就不能被認作君主而被趕下臺。革命權是美國《獨立宣言》所認可，政府由人民組成，其正當權力來自於被統治者的同意，人民就有權利改變或推翻政府。張君勱認為，孟子早在傑斐遜誕生前兩千，就已提出了相同的觀點。〔註10〕

傑斐遜非常重視教育在民主國家裏所扮演的角色，他把創立弗吉尼亞大

〔註8〕 張君勱：《中國第三勢力》，臺北：稻鄉出版社，2005年，第343～344頁。
〔註9〕 張君勱：《中國第三勢力》，臺北：稻鄉出版社，2005年，第332頁。
〔註10〕 張君勱：《中國第三勢力》，臺北：稻鄉出版社，2005年，第340～341頁。

學以及起草《獨立宣言》視爲生平最偉大的兩項成就。張君勱認爲孔子也同樣強調了教育的必要性，如《禮記》所說：「玉不琢，不成器。人不學，不知道。是故古之王者，建國君民，教學爲先。《兌命》曰：『念終始典於學。』」「古之教者，家有塾，堂有庠，術有序，國有學。」（《禮記・學記》）

關於西方的「宗教寬容」，張君勱認爲，對中國人而言，「宗教寬容」是理所當然的，良心自由在中國也早已通行，只是由於它超越於人們塵世生活和人類知識以外，所以孔子也很少討論它。正因爲如此，所以中國雖然以儒家思想爲主流信仰，但佛教、回教與基督教或其他宗教都可以傳入並且受到寬容。在美國，則非常強調這種良心自由。傑斐遜說：「教會是人們的志願結社，他們可以依其共同意願而齊聚一堂，以便用他們判斷能爲上帝所接受，並且有助於他們靈魂救贖的方式，公開敬拜上帝。它是志願的，因爲沒有人生而屬於任何教會。救贖的希望，乃是他加入教會的理由。只要他發現教會里有些什麼不對勁，他就應該可以自由地離去，就像他自由地走進一樣。」張君勱認爲傑斐遜的主張正是中國最優良的傳統。〔註 11〕西方文化與儒家文化的相通之處，是西方民主政治和社會主義能在中國實現的基礎，並且儒家文化中具有民主政治的種子和社會主義的資源。

二、儒家文化中的民主因素

張君勱強調政治民主爲社會主義的生命力，〔註 12〕自由、民主、人權等西方民主政治概念自晚清以來被作爲現代化立國的要素引入中國。中國的絕對王權傳統與西方的民主憲政政府之間，毫無疑問，存在一道鴻溝。西方的民主能否解決中國問題？民國以降，始終考問著當政者和知識分子，並由此形成三種看法：一是認爲民主形式的政府完全是歐洲文明的產物，永遠不能適用於中國；二是認爲中國的傳統政府形式，雖然表現形式不同，但本質與西方一樣是民主的；三是認爲中國具有民主的歷史根基，如果能與現代西方民主概念相互發明滋長，就可以在中國建立起穩固而有效的民主。張君勱對民主在中國的認知則持第三種立場。

在中國傳統社會制度中，張君勱批評儒家高度集權的王權制度，〔註 13〕

〔註 11〕 張君勱：《中國第三勢力》，臺北：稻鄉出版社，2005 年，第 341 頁。
〔註 12〕 張君勱：《社會主義思想運動概觀》，臺北：稻鄉出版社，1988 年，第 34 頁。
〔註 13〕 參見張君勱：《中國專制君主政制之評議》，臺北：弘文館出版社，1986 年。

認爲這種集權專制與西方憲政存在一道鴻溝。〔註 14〕中國沒有民主政治制度，但並不意味儒家文化中沒有民主傳統，在張君勱看來，儒家文化中具有可以孕育民主制度的種子。1957 年，唐君毅訪問美國，拜見旅居海外的張君勱，談及當時歐美學者對中國文化的研究方式和態度時，一致認爲歐美學者的觀點多有不當，故擬聯名發表一份糾正西方學者偏見的宣言。張君勱致函在臺灣的牟宗三、徐復觀徵求意見，宣言由唐君毅負責起草。並 1958 年元旦以唐君毅、張君勱、牟宗三、徐復觀四人的名義聯名發表《爲中國文化敬告世界人士宣言》，提出：「儒家之肯定天下非一人之天下，並一貫相信道德上，人皆可以爲堯舜爲賢聖，及民之所好好之，民之所惡惡之等來看，此中之天下爲公人格平等之思想，即爲民主政治思想根源之所在，至少亦爲民主政治思想之種子所在。」〔註15〕

儘管儒家思想中存在民主政治思想的種子，不過，很多近代西方思想家並未注意到這一點。黑格爾《歷史哲學》中表達了這樣的觀念：「世界歷史從『東方』到『西方』，因爲歐洲絕對地是歷史的終點，亞洲是起點。……東方從古到今知道只有『一個』是自由的；希臘和羅馬世界知道『有些』是自由的；日耳曼世界知道『全體』是自由的。所以我們從歷史上看到的第一種形式是專制政體，第二種是民主政體和貴族政體，第三種是君主政體。」黑格爾使用「專制主義」來描述東方，尤其是中國。他認爲，「在中國，既然一切人民在皇帝面前都是平等的——換句話說，大家一樣是卑微的，因此，自由和奴隸的區別必然不大。」〔註16〕畏三衛在《中國總論》裏也說：「人們不知自由爲何物；他們的語言里甚至沒有這個字」。針對黑格爾、畏三衛等西方學者的批評，張君勱認爲這是由於誤解中國文化所帶來的偏見，「雖然東方人並未用自由這個字眼，但是對自由的概念卻實是耳熟能詳的」。〔註17〕《大學》中有「自天子以至於庶人，一是皆以修身爲本」，即從皇帝以下，萬事的根基在於個人的陶養；孔子也說「三軍可奪帥也，匹夫不可奪志也。」（《論語‧子罕》）中國傳統文化中也仍然有「自由意志」的存在，「雖然在絕對王權體

〔註14〕張君勱：《中國第三勢力》，臺北：稻鄉出版社，2005 年，第 328 頁。

〔註15〕張君勱、唐君毅等：《爲中國文化敬告世界人士宣言》，《中西印哲學文集》（下），臺北：學生書局，第 882 頁。

〔註16〕黑格爾：《歷史哲學》，王造時譯，上海：上海書店，2001 年，第 106～107、130 頁。

〔註17〕張君勱：《中國第三勢力》，臺北：稻鄉出版社，2005 年，第 229 頁。

制之下，並不存在保護人的權利與自由的機構或法律，也沒有立基於人類尊嚴的憲法，但是，保護個人免受專制暴政的想法，在中國歷史上則淵源已久。」〔註18〕為此，張君勱引《尚書》和孟子進一步說明：「皇祖有訓，民可近，不可下。民惟邦本，本固邦寧。予視天下，愚夫愚婦，一能勝予。」（《尚書‧夏書》）而孟子則有：「民爲貴，社稷次之，君爲輕。」（《孟子‧盡心下》）他又說：「民之歸仁心，猶水之就下，獸之走壙也。」（《孟子‧離婁上》）張君勱援引中國儒家經典旨在證明：「人民意志（popular will）這個概念是中國哲學裏所耳熟能詳的」，儘管中國人確實並沒有把政府體制看得像在西方思想中那樣重要。在中國，政府的作用只限於收稅、執行司法權，以及維持軍備力量，即政府應該盡量少干涉人民的生活。〔註19〕

「中國式民主（Chinese democracy）無關乎階級區分、人權或財產權，反而，它只立基於一種歷代留傳下來的情感（sentiment）」。「民可近，不可下」，（《尚書‧夏書》）就是這種情感的最佳表達。故張君勱指出，「中國的『實際上』起作用的民主，不在中央政府，而在地方自治政府的制度」；「人民不滿時，有行動的權利」──亦即造反權。〔註20〕此外，民主政治的基本原則，是要讓民意在政府中能夠得以體現。儒家也非常重視民眾的作用，「道得眾則得國，失眾則失國」。（《詩經》）國君有其社稷是因爲得到民眾的支持與擁護，「有民人焉，有社稷焉。」（《論語‧先進》）「民惟邦本，本固邦寧」。（《尚書‧五子之歌》）民意在政府中扮演著重要的作用，一切治國方針的制定，無不以民眾意志爲依憑。〔註21〕簡言之則爲：「民之所好好之，民之所惡惡之。」〔註22〕

儒傢具有民主傳統，那麼，爲何沒有貫徹到底終而建立一個民主憲政的政府呢？張君勱將其歸結爲缺乏貴族階級和絕對王權架構下的皇帝權力過大。歐洲由封建社會轉變爲民主社會的過渡階段中，有一個貴族階級，可以在國王與人民之間保持平衡。貴族階級的存在，使得法律體系成爲可能，並爲封建體制平順地演進爲民主體制，預備了基礎。英國的兩院制中，貴族階級行使了相當的政府職能，所以議會也對於貴族階級在英國民主制度發展過

〔註18〕 張君勱：《中國第三勢力》，臺北：稻鄉出版社，2005年，第229～230頁。

〔註19〕 張君勱：《中國第三勢力》，臺北：稻鄉出版社，2005年，第230頁。

〔註20〕 張君勱：《中國第三勢力》，臺北：稻鄉出版社，2005年，第332頁。

〔註21〕 張君勱：《中國第三勢力》，臺北：稻鄉出版社，2005年，第342～343頁。

〔註22〕 朱熹：《四書章句集注》，上海：上海古籍出版社，2006年，第167頁。

程中所扮演的角色提供了歷史見證，張君勱認爲這種角色的早期文件證明之一就是《大憲章》（Magna Charta）。再反觀中國，「秦始皇廢除封建體制時，並沒有任何團體能塡補人民與皇帝之間的空白，而絕對王權的建立，也使得中國在由封建演進爲現代國家的過程中，很難發展出形式上的民主體制。如果有貴族階級，則這個階級可以宣稱自己擁有若干權利，並建立慣例（conventions），使國王的權限愈縮愈小；而如果貴族擁有權利的想法一經確立，則只要再進一步，就是保證大多數人民的權利了。」張君勱指出，秦朝成功建立的高度中國集權政府，徹底摧毀了之前存在的貴族階級，貴族階級消滅了之後，誰想要進入政府任職，就唯有通過科舉考試。人民全部被鏟平爲同一個階級，雖然這樣的鏟平過程意味著某個特定階級特權的廢除，但並不意味就此發展出大多數人民依法受到保障的各種權利。「中國過爲早熟地廢除了貴族階級」，使得向憲政政府的演進變得極爲困難。從結構上看，貴族消失，皇帝就成了整個國家里唯一的政治權力。人民所擁有唯一眞正權力，只是革命的權利。雖然在這種制度下，並沒有眞正意義的「皇帝對人民負責」，但是卻實有一種天命（Mandate of Heaven）觀，即：「如果皇帝濫用權力，使人民再也無法承受了，那麼天命就必須以造反權（right of rebellion）的形式，還諸人民」。〔註23〕儘管這種天命觀約束了皇帝的行爲，並將其特權限定在一定的範圍內，但畢竟是不受法律的限制，也不以憲法爲基礎。

　　中國的歷史根基是否夠強，足以使眞正的民主可以建立起來。張君勱相信，「中國的歷史里確實找得到民主的根基」，中國的當務之急是，應該找到一條路「來把中國民主的歷史根基與西方新的民主概念給結合起來」。儘管從秦始皇時代起就已經建立了絕對王權體制，但是政府的基本原則還是儒家的學說。《論語・子路》記載：「子適衛，冉有僕。子曰：庶矣哉！冉有曰：既庶矣，又何加焉？曰：富之！曰：既富矣，又何加焉？曰：教之！」如果一個國家人口稠密，那麼首要之務是使人民富有；人民富有之後，首要之務是教育人民。「子貢問政。子曰：足食，足兵，民信之矣。」（《論語・顏淵》）孟子甚至更意識到人民物質生活水準的重要性：「不違農時，穀不可勝食也。數罟不入洿池，魚鼈不可勝食也；斧斤以時入山林，材木不可勝用，是使民養生喪死無憾也。養生喪死無憾，王道之始也。五畝之宅，樹之以桑，五十者可以衣帛矣。雞豚狗彘之畜，無失其時，七十者可以食肉矣；百畝之田，

〔註23〕張君勱：《中國第三勢力》，臺北：稻鄉出版社，2005年，第331～332頁。

勿奪其時，數口之家可以無饑矣；謹庠序之教，申之以孝悌之義，頒白者不
負戴於道路矣。七十者衣帛食肉，黎民不饑不寒，然而不王者，未之有也。」
（《孟子・梁惠王》）張君勱強調：人民的物質生活水準和知識水準，是現代
民主國家的基礎。〔註24〕

　　張君勱意識到，現代的民主政府乃是數世紀以來嘗試錯誤過程的產物。
英國的議會體制已經存在數百年，美國也在民主憲政政府之下度過了超過一
百五十年以上。中國未來還有一段漫長的奮鬥歷程要走，中國幅員的遼闊就
是一個難以克服的障礙。但中國的傳統文化中擁有民主概念，而且擁有難得
的同質性文化，即「存在著一種中國式的生活方式，它是由共同的語言和一
組共同的思想及價值發展而成的。」故只要有適當的經濟發展和普及的教育，
則不但穩定而民主的政府可以在中國建立，而且只要合理，在短期也可使之
成眞。〔註25〕

　　張君勱認爲，儒家觀念17、18世紀在歐洲普遍流傳後，引起了新思想運
動，而以接連成立的平民政府和工業革命達其頂峰。這些運動的基礎，是「人
權」和「個人的人性尊嚴」這些新概念——它們構成了儒學體系的中心思想。
但是環境不同，而也正是因爲這樣的不同，才使這些基本類似的概念，在此
後的發展中大爲分歧。應記住的要點是：民主觀念乃是儒家思想體系中不可
或缺的一部分，而如果它們確曾有助於促成我們現在所知的歐洲與美國的民
主，那麼完全有理由相信：只要有不同的氛圍，則在中國也會有同樣的發展。
〔註26〕

三、儒學傳統中的社會主義資源

　　任何一種外來文化的傳入都會對本土固有的文化產生強烈的衝擊和影
響，要使外來文化得到認同和接納，最好的方式莫過於從傳統中尋找類似資
源，中國歷史上兩次外來文化與本文化交鋒時都是採用這一方式進行解決。
佛教傳入時便有「老子化胡說」，明末清初，隨著傳教士的東來便有「西學東
源」說，社會主義傳入中國也同樣如此，在尋找中國傳統中的社會主義因素
時，《禮記・禮運》成爲理解、接受與解讀近代社會主義的重要歷史文化基礎。

〔註24〕張君勱：《中國第三勢力》，臺北：稻鄉出版社，2005年，第336～337頁。
〔註25〕張君勱：《中國第三勢力》，臺北：稻鄉出版社，2005年，第337～338頁。
〔註26〕張君勱：《中國第三勢力》，臺北：稻鄉出版社，2005年，第340頁。

《大同篇》云：「大道之行也，天下爲公，選賢與能，講信修睦。故人不獨親其親，不獨子其子，使老有所終，壯有所用，幼有所長，矜、寡、孤、獨、廢疾者皆有所養，男有分，女有歸。貨惡其棄於地也，不必藏於己；力惡其不出於身也，不必爲己。是故謀閉而不興，盜竊亂賊而不作，故外戶而不閉，是謂大同」。

　　較早以《禮記‧大同》來解讀社會主義的是康有爲，他根據儒家大同思想，結合《春秋》「三世說」，設計了人類社會經「據亂世」、「昇平世」到「太平世」的大同社會發展路徑，實現男女平等，家庭消亡，「凡農工商之業，必歸於公」。〔註 27〕在康有爲的影響下，「後來有許多有識之士從『大同』這一文化基線出發去關注中國社會的發展走向與理想模式，『大同』思想成爲近代以來中國人理解、接受、選擇泊來的社會主義的一種本土『支持意識』。〔註 28〕後來梁啓超、孫中山、李大釗、陳獨秀等人在最初介紹社會主義時大都沿此方式。梁啓超認爲社會主義的最要之義是「土地歸公，資本歸公，專以勞力爲百物價值之原泉」，「吾中國故夙有之」，「中國古代井田制度，正與近世之社會主義同一立腳點」〔註 29〕。他在《歐遊心影錄》也強調，社會主義「不是外來，原是我所固有。孔子講的『均無貧，和無寡』，孟子講的『恒產恒心』，就是這主義最精要的論據」〔註 30〕。孫中山主張的民生主義是「大同」思想與社會主義的結合。李大釗認爲「民主主義、聯治主義」等都只是通往「世界大同」的記號。陳獨秀也以「大同」對人類社會未來發展的理想，相信「將來之世界，必趨於大同」〔註 31〕。

　　康有爲、梁啓超、孫中山等人在引介社會主義時，將儒家大同理想比附於社會主義，目的是以中國傳統的知識背景爲坐標，從遠聖三代中尋找理論的出發點和依據，從而建立起新的認知意義。同樣是援引儒家經典，張君勱的出發則完全不同，他不是爲了讓社會主義獲得接納和認同，而是要在傳統中尋找社會主義資源，實現中西的彙通和中國民族文化的復興。就《禮運大

〔註 27〕康有爲：《大同書》，北京：古籍出版社，1956 年，第 240 頁。

〔註 28〕俞祖華，趙慧峰：《社會主義：現代中國三大思潮的共同取向》，《中國文化研究》2010 年第 3 期。

〔註 29〕梁啓超：《中國之社會主義》，《梁啓超選集》，上海：上海人民出版社，1984 年，第 203～204 頁。

〔註 30〕梁啓超：《歐遊心影錄》，《梁啓超全集》（10），北京：北京出版社，1999 年，第 2984 頁。

〔註 31〕陳獨秀：《陳獨秀文章選編》（上），北京：三聯書店，1984 年版，第 234 頁。

同篇》而言，張君勱提出民主社會主義與中國儒家思想完全相通，認為「中國儒家政治學理，在幾千年前，就已經很高明。」〔註32〕早在1920年代，為了通過社會主義實現社會公道，張君勱就提出：「《禮運》大同之論，《論語》不患寡而患不均之言，乃吾國文明之精粹，建國之根本也。歐美之人私其富，國私其富，內成階級之爭，外釀國際之戰，不足取法者也。吾國人而誠欲脫離美以創造新文明乎，當自貨不棄地、財不私有始。今而後其以亦步亦趨為盡立國之能事乎？抑自覺立國之責任，別求所以自效於人類者歟？吾將於吾國社會生計之組織卜之而已」。〔註33〕

　　「大同」，就是要實現社會達於平等、公正，也即張君勱所說主張的個人自由與社會公道。在人類的歷史上，公平正義的理念，無論在東方還是西方，張君勱都找到其相同的歷史淵源，柏拉圖在《理想國》中就提出了「正義」的觀念，洛克和盧梭等西方思想家把人類對平等正義的渴求，以「天賦人權」理論將「自由、平等、博愛」寫民主政治的制度建構中；而中國的儒家提出「大道之行也，天下為公」的理想社會制度，在此制度之下，「男有分，女有歸」，無論男女皆各盡所能，各有分屬。一切私利盡棄，「貨惡其棄於地也，不必藏於己；力惡其不出於身也，不必為己」。社會負責養親、育子、送老諸項任務，以至「老有所終，壯有所用，幼有所長，矜寡孤獨廢疾者，皆有所養」。同時，大同社會也是安定的社會：「謀閉而不興，盜竊亂賊而不作，故外戶而不閉。」除此之外，《大同篇》更能與現實切合的是對選舉的表達，選舉在民主社會主義中佔據非常重要乃至基礎的位置，這種重要性體現在選舉可以實現民眾對政治的參與，和平實現政府的更替，同時也是政府合法性的來源。「選賢與能」，就是選擇賢能管理社會。在中國傳統政治中，對於「選」並不陌生，但主要是指天選與君選，國君貴為「天子」，即為「天選」，「禪讓」、「三公」等是為「官選」。《禮記》受到張君勱重視的另一主要原因是其中表達出「民選」的成分，因為「大同」社會中暗含了已經實現普遍平等，「選賢與能」凸現的是眾人意志。故張君勱早在1920年代就強調，「『貨惡其棄於地』而『不必藏於己』，非工商雖興而不必存私有財產之制乎？『力惡其不出於身』，非勞動神聖之謂乎？『老有所終』，非養老年金之謂乎？『矜寡、孤獨、

〔註32〕 張君勱：《社會主義思想運動概觀》，臺北：稻鄉出版社，1988年，第6～7頁。

〔註33〕 張君勱：《國憲議》，上海：時事新報社1922年，第117頁。

廢疾者，皆有所養』，非盲啞學校與死傷保險之意乎？『天下為公』，非共和之制乎？『是謂大同』，非今之所謂國際主義乎？則西方社會黨之要求，與我先聖之言，契合若此。其為傳會耶？其為心同理同耶？稍有識者，必能辨之矣。」〔註34〕

　　《大同》篇並不是張君勱發掘的唯一資源，社會主義的理念，在中國政治思想史中也並不少見。《大學》有云：「財聚則民散，財散則民聚。」認為集中財富，就是驅散人民；分散財富，就是聚集人民。孔子也說：「聞有國有家者，不患寡而患不均，不患貧而患不安；蓋均無貧，和無寡，安無傾。」（《論語・季氏》）「寡」與「貧」都不是憂患的理由，「不均」、「不安」才是應該關注的重心，故政府應多關心財富分配。引申言之，如果有平均分配，就不會有貧窮；如果社會和諧，就不會有人抱怨短缺；如果有滿足與和平，就不會有反叛。張君勱認為，孔子、孟子等人的這些理念，都與近代西方政治理論契合無間，即：只有在物質與精神皆適存（well-being）的基礎上，民主方能昌盛興隆。人民必先豐衣、足食、並且接受良好的教育，然後他們的注意力才能被引導向公共福祉。《管子》中也表達了物質經濟發展是社會進步的第一要務，「倉廩實則知禮節，衣食足則知榮辱」。（《管子・牧民》）保障人們享有適當的生活水準，會帶來人與人之間在經濟領域和政治領域的和平。如果人民的知識水準和物質生活水平都得到應有的提高，並且能夠獲得制度性的保障，那麼，人民就會知道如何明智地選擇中央政府、省政府與地方政府的代表。而選出的政府領袖，在執行政策時，也會得到輿論的支持。〔註35〕

　　即使是培養西方個人自由與權利觀念最重要的地方自治，張君勱也在儒家傳統中找到與之相類的組織模式。他發現宋儒也曾設計地方政治制度，即鄉約。〔註36〕「鄉約和中國地方自治的關係相當於盧騷（今譯為盧梭——引者注）的社會契約（Social Contract）與西方民主政治的關係」。不過，中國傳統中的這種地方自治與西方的地方自治不同，「西方的地方自治事項是有關如修築道路、警察、稅收等地方立法，地方行政和經濟事項」，儒家理念建立的地方自治更多是道德教化的規範，即「在道德行為方面相互規勸；如有犯錯

〔註34〕張君勱：《國憲議》，上海：時事新報社，1922年，第107頁。
〔註35〕張君勱：《中國第三勢力》，臺北：稻鄉出版社，2005年，第337～338頁。
〔註36〕鄉約觀念由朱熹的好友呂大鈞提出並付諸實踐，中間除了遇到特殊情況略加改變以適應環境之外，一直持續到近代。

互相告誡；遵守社交禮節，如婚喪時的相互致賀慰問；緊急事情發生時的相互協助，如遇大火災、水災、盜賊、疾痛、死亡等。所謂鄉約含有人人相互協助的意思」。〔註37〕

　　張君勱注意到，雖然儒家思想中既有民主的種子，又有社會主義的資源，但「社會主義的初期思想，都從宗教與道德出發。」〔註38〕而中國傳統社會向來以君臣、父子、夫婦、兄弟、朋友五倫爲出發點，就人倫言之，極切近而合理。不過，「西方思想，推至於天，至於上帝，乃有私產反於天然定律之言。唯有推源於天，於自然界，故其思想力，極深厚，極宏大」。從這一層面出發，張君勱認爲中國人的社會思想所發出的光輝不如歐洲，因爲「歐洲人一切出自宗教，而宗教教義，有一切人皆生而平等之義」，這就是初期社會主義思想發生的源頭所在。「所謂天賦人權，所謂私產違反天然之理，所謂最大多數人之最大幸福，雖在本源上，與吾國仁恕之教與民胞物與之義極相似，然其對於人心的刺激，遠超於吾國之上。」〔註39〕居於中西文化的深刻認識和理性思考，張君勱主張發揚中國傳統，但不拘泥於傳統，復興儒家文化，但揚棄無法調適改造以促進民族復興和民主建國者，在引進西方和弘揚傳統的雙重努力下尋求中西思想文化資源的融會貫通。

　　試圖將儒家與社會主義進行貫通，新儒家的另一位代表人物梁漱溟也曾做過相關工作。他以儒家「大同」社會理想作爲基礎提出「儒家社會主義」模式，希望通過反求自省、「人心向上」、恢復倫理本位的途徑達到社會主義，認爲「沿著西洋軌轍而走出來的社會主義已經調換方向到東方的軌轍上」，〔註40〕於是將其主導「鄉村建設」作爲儒家社會主義的典型和實驗。張君勱不同之處在於，他不將社會主義儒學化，也不將儒學社會主義化，而是充分吸收中國文化長處，豐富民主政治在中國落地生根的基礎，培植社會主義在中國成長的土壤。

　　正如張君勱所言，西方對中國思想的衝擊，如果沒有陪伴侵略或帝國主義的形式而來的痛苦和怨惡，情形可能會完全不同；如果中國瞭解西方像去瞭解佛教一樣，那會有一種接納的心靈、一種友誼的反應。而事實上，整個

〔註37〕 張君勱：《新儒家思想史》，北京：中國人民大學出版社，2006年，第45～46頁。

〔註38〕 張君勱：《社會主義思想運動概觀》，臺北：稻鄉出版社，1988年，第22頁。

〔註39〕 張君勱：《社會主義思想運動概觀》，臺北：稻鄉出版社，1988年，第23頁。

〔註40〕 梁漱溟：《東西文化及其哲學》，上海：商務印書館，第184頁。

19 世紀西方對中國的姿態卻是要求中國將傳統的價值擱置下來，或犧牲自身的同一性為代價，「那就是為什麼學者們在研究中國歷史時採用一種一廂情願的以博物館中的死物為材料所需要的研究方法，結果是本當友誼地合作和樂意地接受的地方，竟以敵對、破毀，以及抵抗的態度對付之。」〔註 41〕西方國家對中國的衝擊，帶來了建築於基督教、科學、技術、民主及民族主義的新文明，同時也「徹底粉碎了中國人對其固有傳統的信心」。由此帶來的更深層次問題是：儒家哲學是否會繼續存在於中國？或者說，儒家思想或新儒家思想是否將永遠從中國連根拔去？自民國成立以來，對儒學的質疑從未間斷過。而張君勸的看法是：「儒家思想不會從中國連根拔去，也不可能連根拔去」。在西方文化的衝擊下，儘管儒家思想正遭受挫折，但張君勸認為，在人類思想史上這是常有的現象，「這種思想上的暫時衰落現象，往往會產生其精神與影響力的復活。」以佛教和希臘哲學為例，「當佛教在印度廣被接受時，婆羅門教便銷聲匿跡，可是，後來又為 Shankaracharya（商羯羅查爾雅——引者注）復活了。」希臘哲學本是有效的思想方式，當基督教盛行時，希臘哲學也失去了其應有的影響力，但到中世紀後期及文藝復興時期，「又有許多人對柏拉圖、亞里士多德以及其他許多希臘和拉丁作者的著作發生興趣了」。而儒家也曾遭受過同樣的命運，但在魏晉南北朝時代，儒家思想在佛道二教的衝擊下漸趨式微，不過宋儒又使儒家思想復活。張君勸強調：「當某派思想具有值得恢復的價值時，遲早會產生這種復活現象」。因此，他毫不懷疑地認為儒家思想在未來的中國思想上還將佔有重要的地位。他相信，「任何一種哲學思想，只要在其產生的本土根深蒂固的話，是不容易被人忘卻的」。〔註 42〕

儒學的兼容並包有其歷史依據，雖自漢武帝「獨尊儒術」以來，儒學成為官方的主流意識形態，但佛道二家仍與其並行發展，甚至在唐代呈現佛教取而代之之勢。宋儒援佛入儒，借佛教義理詮釋儒家心性之學，以此實現儒學的復興，從而使儒學進入張君勸所說的「新儒學」時期。〔註 43〕既然在歷史上儒學有借住外來思想復興的先例，那麼，中國也仍然可以像宋儒消融佛學那樣消融西方文化，實現民族復興。而選擇的起點則是宋代理學，認為理

〔註41〕張君勸：《〈新儒家思想史〉再序》，《新儒家思想史》，北京：中國人民大學出版社，2006 年。

〔註42〕張君勸：《新儒家思想史》，北京：中國人民大學出版社，2006 年，第 541～542 頁。

〔註43〕張君勸：《新儒家思想史》，北京：中國人民大學出版社，2006 年，第 11 頁。

學應當成為「二十世紀中葉而圖重振儒家思想者所當反覆思考者也」。〔註44〕
處於轉型時代的中國,「內自邏輯、道德與哲學,外至政治制度與國際關係,
無一不應研究之比較之,從而抉擇其一,以為自己發言之根據,努力之方向」。
〔註45〕這也是張君勱試圖從儒家傳統中發掘民主政治種子和社會主義資源的
重要因素。

　　張君勱重視儒家文化在民族復興中的重要作用和意義,對傳統的弊端也
有深刻的認識。「視民為無知」(considering the people as ignorant)的想法,一
直是中國政治哲學的基礎。雖然「民可近,不可下」的原則是政府政策的基
礎,但是人民從不曾被認為是他們自己國家的主人;他們只被看成是受自己
所囿限之無知大眾(masses),即「民可使由之,不可使知之。」(《論語·泰
伯》)張君勱批評,在中國歷史上,只有科舉教育而沒有平民教育(popular
education),科舉教育把知識階層與人民大眾分離了開來;雖然科舉考試在理
論上是向所有人開放的,但其好處其實只能由特定少數人來享受,人民本身
不可能佔有思想上的領導地位。除了透過科舉考試進入政府任職的高級官員
之外,下層士紳則轉移到鄉縣之中,承擔照顧灌溉系統、穀物種植及儲存、
造橋修路、賑災救濟等等職能。從沒有人想過以議會來控制政府,因為大多
數的下層民眾被視為無知,以致無力承擔如此的責任。同時,在社會組織中,
從不認為個人主義或個人權利的觀念是其基本原則,因為個人首先被看成家
庭、宗族或鄉里的一分子,而不是一個自我俱足的實體。張君勱進而指出,「對
家庭關係的強調,或可被認為是嚴重延緩了個人意識發展的因素」。經濟因素
也影響個人意識遲緩發展,傳統的等級劃分中:士居首,以下依次為農、工、
商,兵則居末。農人之所以被認為是次高的階級,只反映了一個事實:人民
大眾只能以務農為業,土地被分割為零碎的小塊,從來沒有像歐洲社會里那
樣的地主階級,所以下層民眾的一般生活水平和教育水平從未提高。張君勱
強調:「只要生活水準無法提高,只要個人權利的觀念不能引進中國,那麼,
當然不能期望人民會以開明的觀點,來看待政府事務。」〔註46〕

〔註44〕 張君勱:《現代世界的紛亂與儒家哲學的價值》,《儒家哲學之復興》,北京:
　　　　中國人民大學出版社,2006 年,第 37 頁。

〔註45〕 張君勱:《中華民族精神——氣節》,《中西印哲學文集》,臺北:學生書局,
　　　　1981 年,第 626 頁。

〔註46〕 張君勱:《中國第三勢力》,臺北:稻鄉出版社,2005 年,第 333～334 頁。

第二節　國際潮流與張君勱對社會主義未來的審視

　　1949 年後，張君勱開始旅居海外的晚年生涯，雖然他以社會主義改造中國的理想受到嚴重挫折，治學興趣也主要轉到復興儒學的文化關懷上，但張君勱並未完全放棄對民主政治的追求和社會主義的思考。他於 1967 年赴新加坡主講社會主義，並著有《社會主義思想運動概觀》一書，對社會主義的未來走向，結合國際發展潮流，提出相應的學理性判斷。本節旨在詳述張君勱對國際社會主義發展的觀察和對社會主義未來的分析。

一、戰後民主社會主義的國際潮流

　　二戰結束後，歐洲各國社會黨紛紛致力於恢復和重建工作，如德國社會民主黨、奧地利社會黨、比利時社會黨、法國社會黨等，甚至部分國家的社會黨在選舉中獲勝，獲得組閣或與其他政黨聯合執政的機會，如丹麥社會民主黨、挪威工黨等。二戰勝利前夕，英國工黨在議會選舉中擊敗保守黨上臺執政，並致力於恢復社會黨國際組織的工作。英國工黨的主張得到歐洲各國社會黨的積極響應，經過幾年準備，1951 年 6 月 30 日到 7 月 3 日，歐洲 30 多個國家和地區的社會黨的代表，在德國法蘭克福召開代表大會，成立社會黨國際，通過基本綱領，即《民主社會主義的目標與任務》（通稱「法蘭克福聲明」，又稱為「法蘭克福宣言」）。作為綱領性文獻，《法蘭克福聲明》提出政治民主、經濟民主、社會民主和國際民主的基本理念，明確地表達歐洲社會黨新的社會主義價值取向。

　　《法蘭克福聲明》指出：「社會主義是　個國際性運動，它不要求對待事物的態度嚴格一律，不論社會黨人把他們的信仰建立在馬克思主義的或其他分析社會的方法上，不論他們是受宗教原則還是受人道主義原則的啟示，他們都是為共同的目標，即為一個社會公正、生活美好，自由與和平的制度而奮鬥。」〔註 47〕明確表示放棄對馬克思主義的認同，主張意識形態多元化。在此之前，社會黨人雖然不完全贊同馬克思的主張，但其綱領中仍保留對馬克思的部分看法的有限認同。如唯物史觀和剩餘價值學說，在相關表述中都有一定程度的認可，並認為自己是工人階級的政黨。而《法蘭克福聲明》則

〔註 47〕 社會黨國際文件集編輯組編譯：《社會黨國際文件集（1951～1987）》，哈爾濱：
　　　　 黑龍江人民出版社，1989 年，第 3 頁。

拋棄了階級鬥爭的觀點，譴責極權主義，認為「沒有自由，就不可能有社會主義。社會主義只有通過民主制才能完成，而民主制也只有通過社會主義才能完全得到實現。」因而主張通過「通過民主手段建立一個自由的新社會」，即以和平改良的方式實現社會主義。「所有公民不論出身、性別、語言、信仰和膚色，在法律面前一律平等」；「所有公民均應通過他們的組織或出於個人的主動性，參與生產過程」，並且「人民有普遍的、平等的與秘密的選舉權，自由選舉其代表」。

經濟主張方面，《法蘭克福聲明》重視「對生產的公共監督和對生產成果的合理分配。」它指出：「民主社會主義的目的，是在實現經濟與社會保障和社會日益繁榮的基礎上擴大個人自由」；「社會主義謀求用這樣一種制度來代替資本主義，在這種制度下，公共利益優先於私人利潤的利益。社會主義政策的當前經濟目標是充分就業，增加生產，提高生活水平，實行社會保障和推行收入與財產的合理分配。」「為了達到這些目的，生產必須是為人民的整體利益而計劃的。這種計劃同經濟權力集中在少數人之手是不相容的，它要求對經濟進行有效的民主監督。」「工會以及生產者與消費者的組織是民主社會的必要因素」，因而必須要使他們能夠參與經濟政策的制定，監督生產過程，以防止權力濫用和滋生官僚主義。

對於社會民主，《法蘭克福聲明》宣稱：「保衛政治民主符合人民的根本利益，維護政治民主是實現經濟民主的一個條件。」〔註48〕「社會主義的最初發展乃是一個靠工資生活的工人的運動，自此以後，越來越多的公民——專業人員與辦事人員，小農與漁民，手工業者與零售商，藝術家與科學家——都開始認識到，社會主義對所有相信必須消滅人對人剝削的人們具有號召力。」認為社會主義的意義遠不止於建立新的經濟和社會制度，「凡是有助於解放和發展人的個性的經濟與社會進步，都具有相應的道德價值。」「社會黨人之所以反對資本主義，不僅是因為它造成經濟上的浪費，也不僅是因為它使群眾不能享受物質權利，最主要的是因為它違背了社會黨人的正義感。」〔註49〕

此外，「民主原則」不僅是處理國內政治經濟的準則，並且還適用於國際

〔註48〕 社會黨國際文件集編輯組編譯：《社會黨國際文件集（1951～1987）》，哈爾濱：黑龍江人民出版社，1989年，第4～5頁。

〔註49〕 社會黨國際文件集編輯組編譯：《社會黨國際文件集（1951～1987）》，哈爾濱：黑龍江人民出版社，1989年，第7～8頁。

關係。《法蘭克福聲明》主張：「民主制必須根據保障民族自由與人權的國際法的規定，在國際規模上建立起來」；強調通過民主社會主義「和平、自由和團結」的宗旨和理念，「建立一個和平與自由的世界」；「民主社會主義是國際性的，因爲它的目的在於使所有人從各種形式的經濟、精神和政治的束縛中解放出來」，要求「必須超越絕對民族主權的限制」。《法蘭克福聲明》將社會主義作爲一種價值追求而不是馬克思主義的客觀發展規律，代表了社會主義的另一走向：即民主社會主義與馬克思主義徹底分途發展；否定暴力革命，強調民主政治在實現社會主義變革的最好手段；反對資本主義，也反對殖民主義。

如果說《法蘭克福聲明》代表歐洲社會主義取向的轉變，那麼德國社會民主黨 1959 年出臺的《哥德斯堡綱領》則是這種轉向的具體化。連續幾次大選的失利，特別是 1957 年聯邦大選中再次失利後，德國社會民主黨的領導人意識到了進行理論調整的重要性和必要性，「如果不深入地改變它的方法和它的政治主張，它將永遠不可能在選民團體中重新打開局面。」〔註 50〕因而它的調整「主要集中在要求社會民主黨摒棄意識形態，調整黨的綱領和策略，走出工人階級政黨傳統，以利於爭取日益增加的職員、公務員等中產階級選民的支持等方面。」〔註 51〕

在《哥德斯堡綱領》中，德國社會民主黨將社會主義的價值定位爲「自由、公正、互助」，因爲「社會黨人努力建立一個使每個人得以發展自己的個性並作爲公共生活中服務性的一員負責地參加人類政治、經濟和文化生活的社會」，社會主義的基本價值是「自由、公正、相助和從共同的結合中產生出來的彼此間所承擔的義務」，在這樣的價值目標下，「社會主義是一項持久的任務，即爭取、捍衛自由和公正」。否定蘇聯的社會主義模式，認爲蘇聯是「專制」、「集權」和「權威」統治，「無視人的尊嚴、消滅人的自由和破壞法治。社會主義只有通過民主才能實現，民主只有通過社會主義才能完成」。因而強調「民主必須成爲國家和生活的普遍制度，因爲只有民主才眞正體現了對人的尊嚴和人的自我負責的尊重。」〔註 52〕

〔註 50〕〔法〕喬治・埃斯蒂厄弗納爾：《德意志聯邦共和國政黨》，上海人民出版社，1976 年，第 20 頁。

〔註 51〕王存福：《社會結構變遷與政黨嬗變的向度分析——以德國社會民主黨的轉型爲例》，天津：天津人民出版社，2011 年，第 168 頁。

〔註 52〕《社會黨重要文件選編》，北京：中共中央黨校科研辦，1985 年，第 149～150 頁。

　　指導思想的多元化，是德國社會民主黨另一重要轉向，《哥德斯堡綱領》宣佈：社會民主主義「在歐洲植根於基督教的倫理學、人道主義和古典哲學的民主社會主義，不想宣佈任何最後的真理，這並不是因為它對各種世界觀或宗教的真理缺乏瞭解或漠不關心，而是因為它尊重人們對信仰的選擇，無論是一個政黨還是國家都無權決定信仰的內容」。在改變社會主義的基本價值和指導思想的基礎上，德國社會民主黨將原有「工人階級政黨」轉變成「一個人民的黨」；在承認自由競爭的基礎上提出實行混合經濟制度的主張，規定「生產資料的私人佔有制有權得到保護和促進，只要不妨礙建立一個公正的社會制度」，公有制的作用是公共監督的合法形式，由於經濟權力的任何一種集中，即使是集中在國家手中，本身都孕育著危險，因此，「公有制應以自治和分權為原則。」〔註53〕

　　經過《哥德斯堡綱領》的調整後，德國社會民主黨實現全面轉型，放棄了意識形態旗幟和激端政策，「希望從自由中間階層選民那裡吸引到新的支持，這樣，社會民主黨開始轉變成為定位於自由主義的全方位政黨」。〔註54〕如果說英國工黨只是社會主義在歐洲個案，那麼德國社會黨對社會主義的價值定位和指導思想的選擇代表了民主社會主義的徹底轉向，「《法蘭克福聲明》只是社會黨人調整自己綱領主張的開始，這種調整在 1959 年德國社會民主黨特別代表大會上通過的《哥德斯堡綱領》中達到了高峰」。〔註55〕無論是《法蘭克福聲明》還是《哥德斯堡綱領》，它們所體現的社會主義理念與張君勱之前的社會主義主張有很多地方不謀而合，一方是因為其價值源頭都是自由主義價值的具體化，另一方面也反應了張君勱對社會主義發展的敏銳性和先見性。

二、「第三勢力」與社會主義

　　自組建中國國家社會黨始，張君勱就致力於走國共之外的第三條路線，即超越左右的立國之道。抗戰爆發後，張君勱聯合青年黨李璜、救國會沈鈞

〔註53〕《社會黨重要文件選編》，北京：中共中央黨校科研辦，1985 年，第 149～155 頁。

〔註54〕Russell J. Dalton, *Politics in West Germany*, Scott and Foresman Company, 1989, P.260.

〔註55〕徐崇溫：《當代外國主要思潮流派的社會主義觀》，北京：中共中央黨校出版社，2007 年，第 107 頁。

儒、第三黨章伯鈞、鄉村建設派梁漱溟、職教社黃炎培等人於 1940 年代初組
建「中國民主政團同盟」，要求國民黨結束一黨專政，厲行法治，保障和自由，
實現政治民主化；又主張軍隊國家化，批評以武力從事黨爭。〔註 56〕中國民
主政團同盟對國共兩黨都提出相應的批評，表達其對時局的主張，作爲「第
三勢力」開始發揮一定的社會影響和政治作用。抗戰勝利解決了民族危機問
題，而實現和平建國和民主政治就成爲知識分子關注的主要對象。1946 年，
張君勱領導的「國家社會黨」和伍憲子領導的「民主憲政黨」，在上海合併。
鑒於國共紛爭日趨激烈，內戰一觸即發。張君勱作爲第三勢力的領軍人物之
一，主張奠定和平，擁護統一，要求民主，實現社會主義。希望以此調停國
共爭端、避免內戰，實現和平建國。國共兩黨徹底決裂，使第三勢力致力於
和平建國的希望落空。在國民黨政權撤到臺灣後，張君勱也旅居海外，雖然
他主要精力是從事儒學發展歷史的梳理，復興中國文化是其晚年的重心，但
他並未放棄「第三勢力」的相關活動。

　　1950 年代初，張君勱與從大陸撤退到香港的部分人士，如原國民黨將領
張發奎、許崇智，原北大教授、國民黨改組派核心人物顧孟餘等人，發起成
立「中國自由民主戰鬥同盟」，以「第三勢力」的身份既反對蘇聯和中國共產
黨，又反對臺灣的蔣介石政權。批評斯大林領導下的蘇聯是在共產黨國家建
立起一種「新的奴役制度」，並提出五條基本原則：（1）個人生活和個性發展
是人類所應享有的最基本的自由；（2）多元主義有利於人類思想和文化的進
步，而文化和思想的統制只會束縛人類的創造力；（3）民主已成爲人類的政
治潮流，而專制制度則沒有任何存在的價值；（4）「私有財產是人類文明的
部分，應該允許存在，但必須採取措施以縮小貧富之間的差別；（5）政府的
職責一方面是調和人民的利益，並保護他們的幸福，另一方面是維護國家的
利益和友好的國際關係。〔註 57〕對由「第三勢力」，張君勱將其定位爲：「是
基於中國政治及社會的需要，而在這個脈絡中成長起來的。它與任何中立主
義政策，或是對西方民主國家和蘇聯的等距外交，都毫無關係。反而，它贊
成以理性的態度來研究西方的政治與社會理想，以便爲中國社會的進步發

〔註56〕　《中國民主政團同盟對時局主張綱領》，中國民主同盟中央文史資料委員會：
　　　　　《中國民主同盟歷史文獻（1941～1949）》，北京：文史資料出版社，1983 年，
　　　　　第 8 頁。
〔註57〕　鄭大華：《張君勱傳》，北京：中華書局，1997 年，第 570～571 頁。

展，做出恰當的評估與公正的選擇。……我們之努力於建立法治，努力于堅持社會正義與中國主權，以及努力於捍衛人權與個人之自由且不受干涉之發展，卻依然堅定如昔。」〔註58〕

旅居美國不久，張君勱出版了英文著作《中國的第三勢力》，一方面檢討抗戰以來中間勢力發展的歷史，另一方面分析國共成敗的原因，並以此為基礎，對中國未來政治出路作出判斷。他認為，「兩個政府：在大陸的共產黨政府與在臺灣的國民黨政府，目前必須維持其現狀」，以保存非共產黨中國的最後據點，作為「自由中國」的象徵，和中國人民「重獲獨立自由」的希望。他提出，共產黨以蘇聯為唯一的朋友，國民黨以美國為依靠對象，形成兩方對立之局，但無論是國民黨還是共產黨，都解決不了這種交織國際國內矛盾的複雜問題。要解決中國問題，需要所有民主人士團結起來，「把政府立基於真正的民主基礎上」，〔註59〕這是張君勱倡導第三勢力的奮鬥目標。

國際國內局勢發展的結果給張君勱啟示是：不僅解決中國問題需要走超越左右的第三條路線，即面對國際問題時，在資本主義與共產主義陣營之間，超越左右的中間路線也同樣是解決問題的可行辦法。二戰後，美國成為西方世界的盟主，相對應的是以蘇聯為首形成共產黨國家陣營。由於社會制度不同，意識形態不同，雙方走向對峙。針對美蘇爭霸帶來日益緊張的國際局勢，1956年，南斯拉夫總統鐵托、埃及總統納賽爾和印度總理尼赫魯舉行會談，提出了不結盟的主張。並於1961年9月，在南斯拉夫首都貝爾格萊德首次舉行不結盟國家首腦會議，不結盟運動（Non-Aligned Movement）正式形成。

不結盟運動標舉中立，表明不祖護任何一方。在張君勱看來，「所謂反對核子武器也、反對第三次大戰也、反對西方殖民主義也、反對蘇俄獨霸也，此四者可謂屬於消極態度，只有反面而無正面」，沒有觸及到美蘇對立的根本原因。美蘇之所以對立，在於美國代表資本主義或曰自由企業，蘇俄代表共產主義，兩方政治社會制度不同。不結盟運動諸國，對這兩種主義的選擇，依張君勱的觀察，尼赫魯所代表的印度，以自由企業為主，而以社會主義補充之；鐵托所代表的南斯拉夫，以蘇俄共產主義為本，以自由企業修正之。根據印尼和南斯拉夫兩國的政治情形，張君勱建議，不結盟運動最應該重視

〔註58〕 張君勱：《中國第三勢力》，臺北：稻鄉出版社，2005年，前言XI頁。
〔註59〕 張君勱：《中國第三勢力》，臺北：稻鄉出版社，2005年，第314～315、321頁。

的是在資本主義與社會主義之間,「尋求一種折衷至善之方案以成為立國制度之典型,藉此以勸俄美停止其優劣之爭,且使後進之國知所率從」。在給不結盟中立國的建議中,張君勱還提到民主社會主義一個重要的主張,即國際民主。他認為,馬克思當初提倡社會主義,是為勞動者爭政權、爭地位、爭工作條件的改善,而蘇俄政權建立後,當局者念念不忘國家四境安全,於是有第一、第二個五年計劃以發展工業強化國防。二戰爆發,斯大林與希特勒締結合約,共同瓜分波蘭,馬克思主義以社會公道為出發點,一變而為擴張領土、奴隸他國。並且這「種開拓主義,推廣而及於古巴、剛果與僚國(老撾——引者注),此與列寧氏所謂資本主義孕育帝國主義者,又何以異」。故將國際安全問題寄託於一兩個大國之手,不是解決國際問題的最好辦法。張君勱主張,「中立國家領袖諸公應提出將現時兩方爭執中之各地,一舉而委之於聯合國為之設計為之開發,此爭執地既已處於美俄活動範圍之外,則軍事基地與軍事同盟可隨而收縮,且可進而奠定世界和平」。〔註60〕

同為社會主義,但以蘇聯為代表的東方和以英國為代表的西方則不盡相同。西方社會主義以各人所組成的社會和各人享有基本權利的民主政治為出發點,「其背後所謂鬥爭,所謂暴力,所謂革命,亦因之而拋棄,代之以另一種哲學」,即德國社會黨1959年決議宣佈:「民主社會主義生根於耶教倫理,人文主義,與古典哲學(即康德與黑格爾時代之哲學),無意宣佈最後真理,非由於不知或漠視哲學的或宗教的真理,乃由於尊重各人良心之深處,為國家與政黨所不應干涉之處」。至於東方的社會主義,即馬克思主義,張君勱指出:在蘇俄革命之前,德國社會黨深信馬克思學說,並奉為社會主義正宗;加之馬克思的唯物主義史觀和資本論經日本學者的傳譯,流行東亞,使人將馬克思主義等同於社會主義,而將社會主義與之混同。他認為,「考社會主義運動之始,實以英法兩國為產生地」。〔註61〕社會主義運動的源頭在西方,當前符合個人自由與社會公道理念的社會主義也是西方模式,而非蘇聯模式。這種社會主義超越於資本主義和蘇聯等國的共產主義,即民主社會主義,也就是後來西歐等社會主義國家所謂的第三條道路。

〔註60〕張君勱:《致中立國會議一封公開信》(1961年10月16日),薛化元編:《一九四九以後張君勱言論集》(5),臺北:稻鄉出版社,1989年,第146～147頁。
〔註61〕張君勱:《社會主義思想運動概觀》,臺北:稻鄉出版社,1988年,第36～39頁。

　　張君勱的關懷重點在於解決中國問題，主張在國共之外通過第三勢力尋求中國的出路，因而並未明確就國際上正在興起的民主社會主義提出第三條道路，但在張君勱對國際問題和社會主義的觀察，已敏銳洞察到國際社會的變化和社會主義的走向。

　　至於如何通過第三勢力解決中國問題和實現社會主義，1952 年，張君勱在香港接受記者採訪時有如下表示：「以我所見今後的新勢力或曰自由民主運動，乃為一種新運動，其內容略如孟德斯鳩、洛克、盧梭輩之天賦人權運動，或如意大利瑪志尼，德國菲希德之民族主義運動，或如馬克思之社會主義運動。」張君勱認為這三種運動的主張與內容表面上各有不同，然實質上則有不少共同點，主要表現在三個方面：第一，為一種制度，風氣運動，洛克輩之對象為去君主貴族而代以民主；瑪志尼等之對象為壓迫者與異族之排除；馬克思之對象為攻擊資本家，擡高工人階級。「此三種運動均為非對人的（Impersonal），而為制度的，反是者以個人為對象，則變為個人之爭，為爭權奪利之事，則此種運動，必至中途夭折，無復繼續開展之活力。」第二，這三種運動都有一套條理貫通之理論，「如天賦人權論，以人類基本權利為本位，推及於代議政治，責任內閣方面；如民族主義，瑪志尼、菲希德雖以反抗奧法兩國為事，然推本於極高深之哲理；如馬克思之社會主義運動，最初確是自人類良心上為工人抱不平，雖馬克思目歐文等為烏托邦的，然無此烏托邦精神之驅遣，科學的社會主義亦無法推動的。」第三，這三種運動之分子，有一種混侖元氣，克己愛人，救民水火，不顧成敗生死之精神。〔註62〕

　　在尋求中國的現代化立國路徑上，知識分子中曾出現過多次爭論，如問題與主義之爭、科玄論戰、民主與獨裁論戰以及中國社會史大論戰等。因人事關係，人與人之間免不了爭論，但爭論需要以理服人，因此，張君勱提出，政治領導人不可採取以自己為善為是以他人為惡為非之分疆劃界態度；個人意見之爭不能避免，如果有理由有根據，可以憑理由來折服他人，「若專以自己為善他人為惡，而內心上是為利為權之爭，是無法造成一種適合民眾利益富有正大理論而為社會所響應的運動的。」根據國際社會主義潮流的變化和西方民主政治演進的理路，張君勱提出，新的領導人需要具備下述三個條件：一要深識國家之本質；二要深曉現代國家中之制度，根據以身作則之精神而

〔註62〕張君勱：《東南亞、澳洲與馬來及中國政局感想答問》，薛化元編：《一九四九以後張君勱言論集》（2），臺北：稻鄉出版社，1989 年，第 18～21 頁。

安排之，確定之；三要對於相反的思潮與制度，要知道如何抉擇。〔註63〕

作為第三勢力的領軍人物，張君勱反對將民主政治與資本主義、帝國主義和殖民主義混為一談。英國在憲法政治下，保持國內治安，各黨交替柄政於從容揖讓中，保障人民身體言論自由，視財產為人民應享之權利，徵用者予以賠償；從而使改革循序而進，不亂暴、不慌張、不急切，各自治殖民地也早已自立。反觀蘇俄，國內一黨專政，其經營下的東歐，也動則以重兵彈壓。英國以民意為依歸的政治，為人心所嚮往。張君勱提出以民主政治為指向的社會主義，其奮鬥目標有三點：第一、為人民主權奮鬥。國家為人民而存在，國家的大法大政應先經人民同意方能發佈施行，是為人民主權，反對以黨或階級的名義及其他理由剝奪人民的主權。第二、為人民自由權利奮鬥。凡為公民，皆有其人身、財產、言論、結社集會之自由，所以保障人民，亦即所以尊重人民人格。「俾其因保障，而完成其獨立之人格，《憲法》上所以予以自由者，所以使其人民負荷責任，而知所以尊重國家，所謂自由之中，含有秩序者，即此意。」第三、為《憲法》尊嚴奮鬥。「國法之為用，所以立信。唯在上者能遵行，而後人民起而傚之，而相沿成風。」不能視《憲法》為兒戲，任意解釋修改。要以民國以來因亂法而陷國家於混亂為教訓，《憲法》規定之各項常規，皆係國家大政，不應私於一黨。〔註64〕

三、對未來社會主義的審視

張君勱晚年，遊走講學於世界各地，闡揚中國傳統，復興儒家文化，同時也不斷觀察國際政治潮流的走向和社會主義的發展變化，並結合自己的思考和判斷，對社會主義的未來發展趨勢進行理性審視。

戰後歐洲民主社會主義基於民主政治和人道主義的原則，一反馬克思將資本主義與社會主義相對立，反對以階級鬥爭為出發點，「而上溯之於人之所以為人，求人格之尊嚴，人權之享有，與由各個人所組成的社會中之公道與平等何以實現」。這種以人為終極關懷的價值取向得到張君勱的高度認同，他結合對西方社會主義發展的觀察，歸納出不同於蘇聯共產主義模式的三個變

〔註63〕 張君勱：《東南亞、澳洲與馬來及中國政局感想答問》，薛化元編：《一九四九以後張君勱言論集》（2），臺北：稻鄉出版社，1989年，第18～21頁。

〔註64〕 張君勱：《張君勱主席告同仁書》（1962年4月1日），薛化元編：《一九四九以後張君勱言論集》（5），臺北：稻鄉出版社，1989年，第153～154頁。

化：第一，戰後社會主義思想以人爲出發點。也就是說，社會主義的最終指向是「人」，承認個人同爲社會的分子，應同受教育，同爲社會與國家效力，無階級分別高下可言；個人同爲國家中的一分子，享有同等的權利和義務，共同具有人類的尊嚴，因此，任何個人都不能以工具視，「自由、平等、公道互助，自然互助相夾輔，爲人所應共守。」第二，戰後社會主義思想以全社會爲出發點。個人同處一個社會之中，幼應有所養，長有所業，老有所安，因此，撫養、教育、就業與老年人的疾病，應同爲社會政府所兼顧。此外，「國家對各種企業，小者應加以保護，大者應加以監督，或化私有爲公有，或對收入特多者課以重稅，此所以謀貧富的均等，與免除大富者的壟斷，而爲全社會平和相處的大計。」第三，戰後社會主義思想以爭政治民主爲要點。張君勱素來欣賞英國尊重憲政傳統，保守、自由兩黨以爭取議席的方法，通過各自政黨希望中的法案。而所謂社會主義以民主政治爲要點者，其意義也在於此。而蘇俄共產主義者，專圖階級支離破碎，以達於一黨專政。蘇俄所主導的共產主義國際，也成爲新帝國主義的工具。蘇聯共產主義與西方民主社會主義之所以互相敵對，實由於政治的民主之存廢，「社會主義者以民主的方法，爭取一個社會能生活於自由之中。無自由，即無社會主義。社會主義唯有由民主而實現，民主由社會主義而完成。」政治民主爲社會主義的生命力，其要點即在於此。〔註65〕

　　從張君勱的上述分析和歸納來看，他對歐洲民主社會主義把握可謂十分準確。戰後社會主義思想變動，由經濟轉到人生；由階級鬥爭，轉到社會公道；由左右兩派專政的教訓，轉而歸向政治民主。人和社會是社會主義的主要出發點，民主政治則是必須的制度保障。總之，強調自由的享受，責任心的發展，創造力的培植才是社會主義價值的最大體現。

　　政治民主、個人自由與社會公道三個要素，是張君勱社會主義思想的核心理念，自1930年代作爲立國之道提出以來，始終貫穿於他對國家建構和文化復興的思考中，這也是他對社會主義走向作出判斷的基礎。張君勱認爲，未來社會主義的最大轉向是拋棄暴力革命，他將暴力革命理論源頭追溯到馬克思，馬克思在《政治經濟學批判》序論中提出：「非人類之自覺決定人之存在，乃人之社會存在決定人之自覺。」恩格斯繼承馬克思的理論，「謂社會變

〔註65〕張君勱：《社會主義思想運動概觀》，臺北：稻鄉出版社，1988年，第32～35頁。

更與政治革命之最後原因，不在人之腦中，不在人追求永久公道之中，而在生產方法與交易方法之變更。此項變更不在哲學中，而在某特定時代之經濟中。某時代之制度為合理者，至另一時代變為不合理，此乃革命所由起。」在張君勱看來，其弊端在於「馬氏恩氏等僅見人生中之有形的可見的，為真實材料為合於科學，至於人之精神方面自由如公道等，一概擯斥，視為不足道。」因此，列寧、斯大林所創立蘇維埃聯邦，將唯物史觀不僅視為歷史之研究，而成為現實政治之推行方法，於是有了為實行一己主張鞏固一派政權，而不惜殘殺同志、摧毀異己和奴役人民。〔註 66〕故與其用充滿暴力的革命手段，還不如「就工人生活，以議會立法逐漸改良，反而能提高工人知識，改良其生活地位，使工人在政治上多所參與，自然接近於社會主義的大目的。」〔註67〕

　　從和平改良的理性角度出發，德國社會主義民主黨 1959 年提出的《哥德斯堡綱領》反對暴力破壞而勉人走向平和建設，這一主張無疑深為張君勱所認同。社會主義運動中的最重要主張，為沒收資本家的私產化之為國有或公有，而過去將生產工具私有視為資本家所以奴役工人的手段，其目的在於為自身謀利益，故德國之前實現社會所有的相關主張也充滿革命性。經過幾十年發展，公有仍為社會主義的重要環節，因為「大企業的領導人憑藉其通過建立卡特爾和聯合組織而擴大了的權力，贏得了對國家和政治的影響，這與民主的原則是根本不相容的。他們篡奪了國家權力，經濟權力變成了政治權力。這種發展是對所有把自由、人的尊嚴、公正和社會保障看作是人類社會基礎的人們提出的挑戰。」因此，公有制仍是社會主義不可缺少的要素，公有製作為一種公共監督的合法形式，它有助於保護自由，使其免遭佔優勢的大經濟組織的侵害。在這種社會主義公有制之下，大企業的支配權主要掌握在經理手中，他們本身又是為匿名者（即多數股東）服務的。故在這些企業中，生產資料私有制已在相當大的程度上喪失了它的支配權。從經濟民主的角度出發，「凡不能借助於其它手段保證建立一種經濟權力關係的健全制度的地方，公有制則是適宜和必需的」。〔註68〕

〔註66〕張君勱：《社會主義之方向轉變》，薛化元編：《一九四九以後張君勱言論集》（5），臺北：稻鄉出版社，1989 年，第 402～403 頁。
〔註67〕張君勱：《社會主義思想運動概觀》，臺北：稻鄉出版社，1988 年，第 35 頁。
〔註68〕《社會黨重要文件選編》，北京：中共中央黨校科研辦，1985 年，第 155 頁。

在民主政治原則下，以個人享有基本權利爲出發點的社會主義，拋棄階級鬥爭和暴力革命理論，取而代之的是將民主社會主義植根於基督教倫理、人文主義與古典哲學。從尊重個人信仰角度出發，而不宣佈社會主義的最後真理。〔註 69〕這在張君勱看來，無論是關心個人自由的政治民主，還是體現社會公道的經濟民主，都已完全脫離了馬列主義階級鬥爭的意識形態色彩，這一變化將代表著社會主義的未來走向。張君勱將這一走向結合自己對社會主義多年的思考，在《社會主義之方向轉變》一文概括爲如下四個方面：

第一、社會主義發展的新方向，是以人爲出發點回到康德關於人的基本價值的確認。根據《哥德斯堡綱領》確立的多元主義哲學基礎：「民主社會主義在歐洲，植根於耶教倫理，人文主義與古典哲學中。」張君勱指出，百年前馬克思恩格斯知有物質、知有生產關係，而德國民主社會黨的新政綱中，「以自由、公道、負責、互助、信仰決定等之精神價值或曰道德名詞充塞其間」。尤其讓他關注的是，19 世紀的思想家視理性爲萬能，認爲理性可以窮盡宇宙奧秘，「今則理智之外，推崇對人之信仰決定之尊敬，幾於同於宗教家之立論。」此爲社會主義運動或思想史上轉變之者一。

第二、未來社會主義的發展，民主政治是制度建構的出發點和最後歸宿。蘇俄革命後，解散議會，推倒內閣，驅逐反對黨，而代之以一黨專政。以爲打倒資產階級後，理想政治可以實現。然而蘇俄政權建立四十餘年，除一黨獨操生殺予奪大權和耀武揚威於世界外，個人之物質生活精神生活，只有倒退而無進步。雖然在國內工業建設在幾個五年計劃中取得一定成績，張君勱批評其政策和做法，「猶秦始皇之萬里長城，隋煬帝之運河，驅奴隸之民，不顧其飢餓凍死，責之以計日程功，雷霆萬鈞之淫威下，何事不能成功。」故蘇俄所謂的階級平等，只能是等於牢獄中犯人之平等。德國社會黨則吸取蘇俄教訓，將政治民主作爲社會主義的基礎。因而強調，「民主政治，必須成爲各國一般之政體與生活方式，因獨有民主政治以尊重人之尊嚴與各個自己負責爲基礎；一切獨裁，一切極權方式之政治應加以否認，因獨裁與極權毀滅人之尊嚴，人之自由，人之權利；人之生活，人之尊嚴，人之良心，居於國家之上。」國家應助個人發展其自己負責心，所謂基本權利，非徒個人對國家有之，即自治團體與夫結社之權利，亦即

〔註69〕張君勱：《社會主義思想運動概觀》，臺北：稻鄉出版社，1988 年，第 35～36 頁。

爲造成國家之基本。德國社會黨即承認以上各種權利，因而政治制度以人民主權、責任內閣、三權分立與反對黨之存在爲基礎。總之，「社會主義賴民主以實現，民主政治賴社會主義以充實。」張君勱認爲，此爲社會主義運動或曰思想史上之轉變者二。

　　第三、未來社會主義運動，將是人民政黨的運動而非階級政黨的運動。張君勱指出，蘇俄建立後，沒收一切大工業與銀行，創設集合農場，生產工具收歸公有，以爲由此可以實現均貧富的平等理想。資本家大地主的財產雖轉瞬間被沒收，然而人民的生活程度與工作自由並未得到改善，反不如西歐各國保留自由企業而加以合理限制的方法。故張君勱強調，「此乃各國社會黨中所以有人民政黨非階級政黨之運動，即由此而來」。從世界範圍看，英國工黨、日本社會黨均有此種醞釀，而德國社會民主黨更是「明白承認自由消費、自由勞動、自由企業三者爲經濟政策之基礎，且自己宣佈人民之黨非階級之黨」。並規定經濟原則爲：「可能範圍內自由競爭，必要範圍內，依計劃行之」；關於集中計劃，強調「關鍵不在乎計劃之應有應無，而在乎爲計劃者，且爲誰利益而計劃。」並且在綱領中將人民政黨運作下的經濟民主「歸於三種人之自由，一曰消費者自由選擇，二曰勞動者自由尋業，三曰廠主自由企業，此三者合成爲自由經濟之自由競爭。工主有工主協會，工人有工聯，雙方之集體訂約，爲自由經濟之主要成分。極權主義下，強迫經濟爲自由之破壞。至於排除自由競爭，而代之以國營事業，唯限於眞正爲公眾利益時乃許爲之。由上所言觀之，第一次戰後以沒收生產工具爲打倒資本家之唯一方針者，到於今日各國社會黨漸認識其爲害多於利而棄之。此爲社會主義運動或曰思想史上之轉變者三。」張君勱對德國社會民主黨的綱領給以很高的評價，認爲這一趨勢也是未來社會主義發展的必然方向。

　　第四、倡導精神自由、思想文化多元，是未來社會主義的必然趨勢。精神自由和文化多元，既爲西方思想界所公認，也爲張君勱所推崇。故張君勱在德國社會民主黨的主張中產生共鳴，「人格之創造力，須在分歧多種文化生活中方能發展，充實自己同時充實其團體之生活；國家之文化政策，應獎進一切文化方面之努力；社會主義非替代品之宗教。」蘇俄用盡一切精神與物質集中於國有工農業建設，張君勱批評其不但沒收一切生產工具爲國有，而且對於文學、戲劇音樂生物學與哲學學說，亦採用秦始皇「以吏爲師」之方針，加之以干涉，威之以嚴刑，凡不合於當局者，皆視之爲異端邪說。德

國社會黨提倡「相互容忍」，認為「唯有相互容忍，對於他人信仰各異思想各異者，予以同樣尊敬，而後人群在政治方面相處，乃有堅實基礎。」尊重個人信仰與宗教團體，令人心有歸向，個人有追求，從而保證人格獨立、思想自由和文化多元，張君勱認為這是社會主義運動或曰思想史上之轉變者四。〔註70〕

「此為社會主義之方向轉變，亦即現代世界各國人心之表現，與十九世紀中但爭勞動階級之利益者迥然各別。」張君勱《社會主義之方向轉變》一文中不少地方是在譯介《哥德斯堡綱領》，認為「此種中正和平之社會主義，值得吾人嚮往」。該文仍能反映張君勱這一時期對於社會主義新的理解。新理解主要體現在對多元主義的明確認可上，之前的思想中，雖然表現出多元主義的取向，但宣稱自己崇尚的是「唯實的惟心主義」。在對社會主義新理解的基礎上，張君勱強調，除非中國能成功地建立法治（reign of law），使個人自由、人性尊嚴與人性之善能在此體制下受到保護，否則，中國社會就不會進步。〔註71〕1950 年 5 月，他致函香港的謝澄平，認為今後的國家政策應為國家獨立、政治民主、文化自由和經濟平等。作為民主社會主義主導力量的第三勢力精神上應有的基本條件是：「第一、非為政綱結合，而為道義結合，其宗旨尤簡尤好；第二、要有成仁取義，不計成敗利害的精神；第三、不依傍實力。」〔註72〕後又致函雷震，提出他對未來政治文化的關懷：一是提高人民生活，養成其辨別力；二是士大夫應重節操；三是政治上應容許反對黨；四是工商界不應專以奔走權門為能事；此外，教育界應能以教授治校，學生應不被人利用。〔註73〕從歷史的經驗和未來社會主義的走向看，張君勱認為，要解決中國的問題，既不能保守，也不能激進，要在「民主憲政原則的基礎上，融入中國文化的傳統精神，來建立一個新中國」。〔註74〕

〔註70〕 張君勱：《社會主義之方向轉變》，薛化元編：《一九四九以後張君勱言論集》（5），臺北：稻鄉出版社，1989 年，第 403～408 頁。

〔註71〕 張君勱：《中國第三勢力》，臺北：稻鄉出版社，2005 年，前言 X 頁。

〔註72〕 張君勱：張君勱：《論第三勢力之精神條件（致謝澄平書)》（1950 年 6 月），薛化元編：《一九四九以後張君勱言論集》（5），臺北：稻鄉出版社，1989 年，第 3～4 頁。

〔註73〕 張君勱：《致雷儆寰書》（1950 年 6 月），薛化元編：《一九四九以後張君勱言論集》（5），臺北：稻鄉出版社，1989 年，第 6 頁。

〔註74〕 張君勱：《中國第三勢力》，臺北：稻鄉出版社，2005 年，前言 XI 頁。

小結

張君勱旅居海外後，由於失去政治實踐的平臺，治學興趣轉到復興儒學的文化關懷上，但他並未完全放棄對民主政治的追求和社會主義的思考，而是將社會主義未來的發展走向和民主政治的制度變遷，納入中國儒家文化視野中進行審視，力圖證明儒家傳統中有民主政治和社會主義的因素，民主政治和社會主義與中國傳統文化並非決然相反的兩極，儒家傳統與西方文化在本質上有相通的地方，因此，民主政治和社會主義可以在中國實行。張君勱迴向傳統但不迴護傳統，充分發掘儒家文化優點的同時，也對中國傳統制度進行深刻批判和系統反思，換而言之，他對傳統的認同是儒家的文化層面而非制度層面，並且始終將傳統文化朝普適性的、世界性的方向解釋。

針對錢穆過度褒揚和粉飾中國傳統政治，〔註 75〕張君勱寫成三十餘萬字的長文並集成《中國專制君主政制之評議》一書對之進行商榷，認爲「民主政治與傳統政治根本上不同。因爲傳統中之各項無可爲今日民主政治之採用資料，即令有一二點，如監察考試，皆已本國民主權之原則，納入於現行憲法之中。」通過詳細探討中國傳統政治的沿革，張君勱認爲，中國君主制與西方民主制的區別在於：「一曰隱蔽與公開。二曰法律拘束。三曰民意表示。四曰三權分立原則爲之牽扯，爲之貫徹。五曰人權規定以確立權力界限，以保障民主。」民主國家中有國會討論，有會議紀錄之刊行；有政黨黨綱，有報紙評論。除外交事件秘密交涉外，國家大小事項，無一事不公開，無一事不見於記錄與報告之中。在張君勱看來，「西方所以收政治公開之效而不生事雜言龐之弊者，由於國家之各種機關如君主或總統或內閣或議會或法庭之所言所行，莫不先之以法文規定，爲各機關所共守。……抑法律者，條文也，空言也，不以民意爲後盾，則空文雖在，而實效全無。所以有定期選舉，有國會中該席之多數少數，有政府黨執其所是，與反對黨攻其所非。於是法文背後有民意表示爲後盾。政策之採與不採，決之於議會多少數。政府有此民意爲證驗，益有所恃而前進，或有所懼而緩和其主張。此政策之所以不流於專擅，豈吾國之元豐、元祐之倒向一邊與演爲黨爭者，所能同日語乎？政府之各機關各有所事，自有言爲事者，自以盡其所言爲職，是爲議會。有以行

〔註75〕錢穆的《中國傳統政治》寫於 1950 年，並發表在香港的《民主中國》雜誌上，後收入《國史新論》，收入時錢穆對原文的部分觀點進行了修正，張君勱所批評者爲未修正之原文。

爲事者，以果決效率爲能，是爲內閣或曰行政。有以持平爲事者，則以判決方式，制止政府之行與議會之議，是爲法庭。此三者雖互相牽扯，然所以調劑而平衡之者，亦爲國家主要目的。反是者，有言而無行，則爲臺諫之驕橫；有行而無言，則流於秦檜、賈似道之擅專。此爲三權分立之要義，一方使其分而得暢其所言所行，他方使其平而終於合。此非吾國因君主之獨尊，而無法以求各機關之平衡者，所當深思者乎？」通過對中國傳統制度的系統梳理和批判，指出傳統君主專制政無可救藥，民主憲政才是中國的前途和方向，並再次強調國家、社團和個人三者相劑於平理念下的民主政治和社會主義思想。他明確表示：「一國之內，上有政府，中有社團（如公司，地方團體與政黨），下有個人。政府所以禦外患平內亂，其責任之重，爲人所共見。然現代國家深知一切政治經濟與文化，賴乎社團與個人之活動與參加，然後三者乃能潛滋暗漲，而有發榮拓展之可言。故以公司、政黨之社團，委之各人之自由組織，凡聽其發起與經營，所以練習其能力，使之自負責任，而知所以進退與所以處事之道。反是者，個人無保障，社團組織不自由，則自上而下，只有衙門，只有官僚與特務，而此百千萬億之人民，同於牛馬之生活於槽櫪之中。其頂天立地之人性安從而發展乎？此民主自由政治之尊重人格，不可忽視者也。」〔註 76〕

　　對於張君勱的立國訴求而言，中國要走上民主政治和社會主義之路，又不願意捨棄文化傳統中彌足珍貴的價值系統，除了致力於兩者之間的疏導融通之外，別無選擇。從儒家的價值系統中發掘民主政治與社會主義資源，是一個重大而複雜的問題，張君勱致力於此問題的探索，並以此爲基礎形成一套言說系統和制度建構，儘管他的思考並非是這一重大而複雜問題之最終答案，但他對會通中西和復興傳統的努力卻有助於在這一問題上的深入探索，對當前的社會發展和文化建設不無借鑒作用。

〔註 76〕張君勱：《中國專制君主政治之評議》，臺北：弘文館出版社，1986 年，第 461、527～528 頁。

結　論

　　本文上述各章根據張君勱思想的演進，詳細梳理和分析了張君勱社會主義思想的形成、發展和特質，以個案形式展現轉型時代知識分子的立國訴求。通過本文上述分析可知，張君勱的社會主義思想博採眾長，因而也極為複雜，並且與其思想中的另外兩大體系——憲政思想和新儒學思想互相交織，由於篇幅和論題所限，本文主要討論張君勱的社會主義思想及其相關部分，對憲政和新儒學思想並未展開論述。基於上述各章的論述，在此擬就張君勱從尋求富強到追尋民主的具體轉變，並將其思想理念與胡適行比較，以此切入總結張君勱社會主義思想發展演變的脈絡。

　　尋求富強曾經是近代中國絕大數自由主義知識分子的追求，「整個中國近代的民主論者當中，很少有人是純粹出於自由而要求民主的，絕大多數人乃出於救亡和富強的目的而湧向民主。」〔註1〕張君勱早年的目標也同樣如此。但隨著社會變遷和政治演進，知識分子的思想不可能　成不變，一時代有一時代的思潮，張君勱從尋求富強到追尋民主的轉變正是對變動時代所作出的審慎回應，也是轉型時代知識分子由對民主外在形式的看重轉向對內在價值（理路）追求的轉變。

　　張君勱早年立國訴求建構的出發點是救國，為了尋求民族國家的富強，民主被視為民族自救有效手段，民主政治的最終價值就在於它能增進國家富強，這種尋求富強的思維模式與中國自由主義先驅——嚴復的主張相同。〔註2〕嚴

―――――――――

〔註 1〕 毛丹：《陳獨秀的民主神話及其思想資源》，《二十一世紀》（香港）1994 年 8
　　　　月。

〔註 2〕 嚴復欲求民族國家富強而引入西方自由主義：「今而圖自強，非標本並治焉，
　　　　固不可也。不為其標，則無以救目前之潰敗；不為其本，則雖治其標，而不久

復尋求富強話語仍是在清政府的統治之下，面臨西方物質文化的壓力，早在洋務運動時提出「師夷長技以制夷」已經承認技不如人了，嚴復學習西方，主要目的還是增強國力，應對列強。思想還具有時代性，清政府雖然腐敗，但仍然是合法秩序的象徵。嚴復在接觸和引進西方自由主義時，一方面由於對其理解的偏差和個人取向的影響，很難對自由主義有比較合理而理性的定位，另一方面，在嚴復所處的時代，「中學為體，西學為用」是主流的共識。儘管嚴復走出了中國的地域範圍，但仍然沒有走出文化傳統範圍。此外，外患頻仍是將自由主義作為尋求富強的最重要原因。在多重合力的推動下（包括傳統的拒斥），尋求富強便成為早期中國自由主義者的不二選擇。

張君勱在譯介密爾《代議制政府》時，曾有過由民主而富強的表達，「所謂善良政府者，非曰其民安坐而受幸福而已，必其民德民智民力三者日益繼長增高，然後足以舉富強自立之實。」〔註3〕很明顯，張君勱注意到密爾通過實行民主政治來提高民德民智民力而後實現富強的思想，憲政被視為提高「民德、民智、民力」的有效手段，而這些能力最終又服務於國家富強。他在後來的回憶文章中也承認，「在清末至民國初年，國內外智識界對於學問有一種風氣：求學問是為了改良政治，是為救國，所以求學問不是以學問為終身之業，乃是所以達救國之目的。我在日本及在德國學校內讀書，都逃不出這種風氣」。〔註4〕張君勱提倡立憲，主張民主，目的指向是實現國家的富強，換而言之，民主憲政不過是實現國家富強的手段罷了。因而他在 1907 年的《國會與政黨》一文中指出，民主政治所保障個人自由是為了國家的富強，因為「國家分子不發達則國家亦無由日即於盛強，故歐美列國重視個人之身心、社會之文化之發展」。他還列舉日本、美國、英、法、德等國之所以強盛，原因在於「有可以監督政府之具，而我無之耳」，「關於國民發達之事」，若「政府示我以施政之方針，而明其利害得失，蓋必如是乃可使嚮之敷衍塞責者無

亦將自廢。標者何？收大權、練軍實」，「至於其本，則亦於民智、民力、民德三者加之意而已。果使民智日開，民力日奮，民德日和，則上雖不治其標，而標將自立。何則？爭自存而欲遺種者，固民所受於天，不教而同願之者也。……是故富強者，不外利民之政也，而必自民之能自利始；能自利始能自由始；能自由自能自利始，能自治者，必其能恕、能用絜矩之道者也。」參見嚴復：《原強》，王栻主編：《嚴復集》第 1 冊，北京：中華書局，1986 年，第 14 頁。

〔註 3〕 張君勱：《穆勒約翰議院政治論》，《新民叢報》第 4 年第 18 號，1906 年 11 月 1 日。

〔註 4〕 張君勱：《我從社會科學跳到哲學之經過》，《再生》1935 年第 3 卷第 8 期。

復藏身之餘地，然而此則國會之事也。」通過張君勱的觀察，歐美日本等國並非天性與中國不同，而是「有使之不得不如是者在耳，故使吾國民而誠能知所先務則今後立之大本必能永固，而外患侵入之源自茲可杜，是則吾之所謂根本之改革。」〔註5〕

　　民國成立後，滿清被推翻，民主政治的制度秩序並沒有建立起來。《臨時約法》將政府與政黨的合法性歸屬於法理框架內，然因人立法的不正當做法又讓法理框架空置無用，後孫中山又發動合情不合法的二次革命，其後袁氏稱帝，軍閥混戰。五四運動後，被高舉的「民主」、「科學」大旗響徹神州大地，但二者更多是被新文化運動健將們賦予思想啓蒙和解放的意義，而非實際層面的制度設計和科學技術的應用。社會反而長期處於失序之中，尋求富強的最基本條件——社會秩序遲遲未能確立。知識分子尋求社會改造的努力也未停止，在民國初期的一系列政治參與失敗後，梁啓超、張君勱、蔣百里等一行七人便到歐洲進行考察。張君勱的立國訴求已開始發生變化，富強已不再是改造中國的邏輯起點。

　　張君勱之所以轉向追尋民主，因為民主有保障個人權利和自由的整套制度規範，在民主制度下，個人有選舉權、有輿論自由，個體利益也因民主憲政而得到眞正的關切。利益得到保障的個人必然心安理得，並積極參與各種事業，國家自然就富強了。在這樣的理念前提下，張君勱完成了從尋求富強到追尋民主的轉變，並以民主作爲一生追求的目標。尋求富強的邏輯起點和最後歸屬是國家或民族，追尋民主的邏輯起點是個人權利的保障。故張君勱要求通過實行社會主義解決「多而不均，富而不安」的問題，即實現社會公道。實行社會主義的途徑，有例可循的有德國模式和蘇俄模式，德國通過議會選舉走和平緩進的改良路線，不但與民主政治相契合，而且還避免了蘇俄式暴力革命給社會帶來的極大振蕩，因而成爲張君勱立國思考的選擇範例。根據中國的社會變遷與政治演進，張君勱在秩序建構上吸收了拉斯基關於國家、社團、個人三者「相濟於平」的思想，在1930年代形成政治民主、個人自由、社會公道的社會主義思想和主張。

　　尋求富強、挽救民族危亡等固然重要，但目的與手段倒置卻一定程度上遮蔽了民主的學理表達，富強的結果被賦予高於民主的價值，從而使民主在中國始終不能落地生根。從中國以往專制的歷史也有幾次強盛的時期，專制

〔註5〕張嘉森：《國會與政黨》，《政論》（上海）1907年第1卷第2期。

也可以創造富強。民國以來的復辟亂象、武力征伐等歷史事實，其實也暗含建立統一強盛國家的思考，這一過程中也不乏以民主憲政相號召，結果卻是走向專制甚至回到傳統的帝制。張君勱的立國思考從尋求富強到追尋民主的轉變，也正是他意識到當時的癥結所在。中國要徹底拋棄傳統的專制，實行民主政治，但西方民主國家也並非完美無缺，放任自由滋長了大量壟斷企業，社會嚴重兩極分化，加上追逐海外擴張導致一戰的悲劇，原因在於缺少對人的關懷，缺少對社會公道的考慮，這也是他後來提出「修正的民主政治」的遠因之一。在完成從尋求富強到追尋民主的轉變後，張君勱確立了以社會主義作為改造中國的立國主張，並形成融合政治民主、個人自由與社會公道為一體的社會主義思想。

以上是對張君勱從尋求富強到轉向追尋民主的分析，那麼完成這一轉變後，其民主思想在所處時代有何特點和價值？要對張君勱的民主思想進行定位，將其置於比較視野中進行審視應是該相對可取的辦法。下面將通過他與胡適比較，總結其思想價值。

建立強大的現代民族國家是絕大多數國人努力的方向和目標，然而如何走向「現代」，思想界卻是歧異紛呈。作為中國近代自由主義知識分子，胡適與張君勱都嚮往西方民主制度，並且都主張通過和平改良的方式在中國實現民主政治。以往研究中國自由主義時，多關注胡適及其學人群體，很少有人重視張君勱的自由主義底色。

胡適以自由主義者的身份嶄露頭角，始於1917年在《新青年》上發表《文學改良芻議》；〔註6〕隨後於1919年出版《中國哲學史大綱》，由此奠定了他在當時思想文化界的地位。因政治訴求和辦刊理念不同導致胡適與陳獨秀等《新青年》同仁分流，〔註7〕1922年，胡適創辦《努力周報》，一改先前20年不談政治的立場，開始討論政治問題。經過「問題與主義」之爭和「科玄論戰」，以《努力周報》為陣地，形成以胡適為代表的自由主義學人群體。〔註8〕胡適

〔註6〕 胡適提出文學改良的「八事」：言之有物，不摹倣古人，講求文法，不作無病呻吟，務去爛調套語，不用典，不講對仗，不避俗字俗語。參見胡適：《文學改良芻議》，《新青年》1917年第2卷第5號。

〔註7〕 關於《新青年》同仁分流的詳細論述可參考張寶明：《從學術與政治雙重視角看〈新青年〉同仁時代的終結》，《江漢論壇》2004年第7期。

〔註8〕 丁文江、陶孟和、高一涵、朱希祖、徐志摩、陳衡哲等。關於「胡適派學人群」的詳細情況可參見章清：《「胡適派學人群」與中國自由主義》，上海：上海古籍出版社，2004年。

發表《努力歌》，〔註 9〕闡述知識分子應身體力行參與社會改造。他在《我們的政治主張》一文中，認爲中國之所以軍閥混戰，社會秩序遲遲不能建立，全是因爲好人自命清高，不願參與政治，讓壞人當道。因此，胡適提出知識分子中的「好人」應該積極參與到政治中去，組成「好人政府」，通過一點一滴地改造社會，改變腐敗政治現實。並提出以「好政府」作爲改造中國政治三點訴求：即要求一個「憲政的政府」；一個「公開的政府」；一種「有計劃的政治」。〔註 10〕儘管胡適看到了中國社會的癥結所在，但希望通過幾個好人就能扭轉乾坤的想法過於理想化。1922 年 9 月，在吳佩孚支持下，曾在《我們的政治主張》上簽字的王寵惠等人入閣，王寵惠擔任國務總理，湯爾和、羅文幹等擔任部長，然而「好人政府」僅存 3 個多月。

張君勱與胡適都認知到民主政治對改造中國的重要性，並且都主張身體力行一點一滴地從事改良，但二人所採取的方式卻明顯不一樣。胡適雖曾致力於「好人政府」的努力，但民主政治的實現寄託於幾個好人身上，更多體現的是一種書生理想。理想誠然需要，對當時中國而言，更爲重要的提出切實可行的具體措施和建立一套有效的制度保障。張君勱認爲民主的基礎在於強制性的法律，在於行之有效的制度。從尋求富強轉向追尋民主後，張君勱於 1920 年發表《懸擬之社會改造同志會意見書》，明確提出以民主政治和社會主義改造中國的主張，並在 1922 年草擬的《國是會議憲法草案》中，以憲政、法制作爲民主的制度保障。從對政治運作和認識上看，張君勱的造詣要遠高於同時期的胡適。

兩人問學背景的不同，決定了他們審視社會問題的不同取向，張君勱以政治作爲問學路徑，留學日本時廣泛涉獵英美政治學和法學著作，〔註 11〕通

〔註 9〕「這種情形是不會長久的」／朋友，你錯了／除非你和我不許他長久，他是會長久的／「這種事要有人做」／朋友，你又錯了／你應該說／「我不做，等誰去做？」／天下無不可爲的事／直到你和我——自命好人的——／也都說「不可爲」，／那才是眞不可爲了／阻力嗎，他是黑暗裏的一個鬼／你大膽走上前去，他就沒有了／朋友們，我們唱個努力歌：「不怕阻力！不怕武力！只怕不努力！努力！努力！」／「阻力少了，武力倒了！中國再造了！努力！努力！」胡適：《努力歌》，《努力周報》1922 年第 4 期。

〔註 10〕胡適：《我們的政治主張》，《努力周報》1922 年第 2 期。

〔註 11〕在後來的回憶中，對於早稻田大學四年印象最爲深刻的是選修浮田和民所講授的政治哲學，「政治哲學是選科，選者甚少，就只是我一個人，讀的書是陸克的政府論。上課時，最初浮田先生站在講壇上，後來因爲看書不方便，他同我兩人並肩而坐。這個人和藹可親，循循善誘，到現在我還想見他穿了和

過編譯密爾（John Mill）《代議制政府》（Considerations on Representative Government）而成《穆勒約翰議院政治論》，明確了日後找尋民主價值的憲政路向，開始從制度層面思考和設計中國的政治發展路徑，並且在民國成立後又有過參與組建政黨等政治的經歷，故其提出的政治主張和措施比較成熟和理性。

　　胡適留學美國，師從美國實用主義〔註12〕代表人物杜威，杜威認為「現在世界上無論何處，都在那裡高談再造世界、改造社會。但是要再造改造的，都是零的，不是整的，如學校、實業、家庭、經濟、思想、政治，都是一件件的，不是整塊的。所以進化是零買的。」社會的進步，要靠一點一滴的改良來實現。〔註13〕在《我的歧路》中，胡適明確表示：「我是一個實驗主義的信徒」。〔註14〕受杜威的影響，胡適認為改變舊中國，建造新中國，無需進行「根本解決」的革命，只要進行一點一滴的改良便可達到。他說：「文明不是籠統造成的，是一點一滴的造成的。進化不是一晚上籠統進化的，是一點一滴的進化的。現今的人愛談『解放與改造』，須知解放不是籠統解放，改造也不是籠統改造。解放是這個那個制度的解放，這種那種思想的解放，這個那個人的解放，是一點一滴的解放。改造是這個那個制度的改造，這種那種思想的改造，這個那個人的改造，是一點一滴的改造。」〔註15〕從改良主義的角度出發，「多研究問題，少談主義」，才是思想最為迫切的方向，他指出，「我們不去研究人力車的生計，卻去高談社會主義……老實說罷，這是自欺欺人的夢話，這是中國思想界破產的鐵證。」〔註16〕胡適在《我們走哪條路？》一文指出：貧窮、疾病、愚昧、貪污、擾亂是中國五大敵人，「打倒這五大敵人的真革命只有一條路，就是認清了我們的敵人，認清了我們的問題，集合

服及木屐的樣子。」張君勱：《我從社會科學跳到哲學之經過》，《再生》1935年第3卷第8期。20世紀40年代後期起革《中華民國憲法草案》及其釋義的時候，也明確地將自己民主憲政思想的根源追溯到其留日時期所接受的憲政民主思想。參見《中華民國民主憲法十講》，上海：商務印書館，1947年，自序。

〔註12〕實用主義（Pragmatism）於19世紀70年代在美國興起，19世紀末20世紀初正式形成，並廣泛流傳至西方各國，並對20世紀20年代的中國思想界、教育界產生重大的影響，是現代西方哲學的重要流派之一。

〔註13〕約翰‧杜威：《杜威五大講演》，北京，北京晨報社，1922年，第14頁。

〔註14〕胡適：《我的歧路》，《努力周報》1922年第2期。

〔註15〕胡適：《新思潮的意義》，《新青年》1919年第7卷第1期。

〔註16〕胡適：《問題與主義》，《每周評論》1919年第33號。

全國的人才智力，充分採用世界的科學知識與方法，一步一步的作自覺的改革，在自覺的指導之下一點一滴的收不斷的改革之全功」〔註17〕

　　同時作爲自由主義者，胡適以哲學和文學作爲治學專業，早年因閱讀嚴復的譯作而深受赫胥黎、斯賓塞等人的進化論和達爾文主義的影響；其自由主義思想源於接受美國杜威的實用主義，過問政治只是回國後基於中國現實社會問題臨時作出的決定；而張君勱一開始就以政治爲問學路徑，其自由主義思想淵源繼承英國傳統，受洛克、密爾、拉斯基等人的影響，總體上，張君勱的思想來源比胡適複雜得多，西方重要思想家在張君勱的論著中或多或少都有所體現，因而他對自由主義的認識也更爲深刻。

　　張君勱與胡適思想的衝突始於「科玄論戰」，在此之前，雖然他們都認同自由主義的價值理念，但思想上基本沒有交鋒或相互援引。胡適作新文化運動的發起人之一，視「民主」與「科學」爲兩大思想旗幟。張君勱作爲研究系成員，與張東蓀一起，以《改造》作爲陣地，形成自由主義在中國的另一群體。

　　張君勱認同西方文化在民主政治上的制度建構作用，批評中國傳統文化帶來的種種弊端，但反對胡適等人對傳統文化全盤否定的態度，也不贊成科學萬能的觀點。在五四運動的影響下，「科學」被提升到至高無上的地位，張君勱對這此持保留態度，認爲一戰給人類帶來的巨大災難，正是由於工具理性完全取代了價值理性的結果，因此他於 1923 年在清華大學以「人生觀」爲題演講時，對「科學萬能」的思想傾向提出批評。〔註18〕身爲地質學家的丁文江閱讀張君勱的《人生觀》一文後，於同年在《努力周報》第 48、49 期上發表《玄學與科學》，痛責張君勱被「玄學鬼」附了身，由此爆發「科玄論戰」。胡適、梁啓超、張東蓀、吳稚暉、陳獨秀等人都捲入到這場論戰中，科學派以胡適、丁文江、吳稚暉等爲代表，玄學派以張君勱、梁啓超、張東蓀爲代表，雙方論戰一直到 1924 年底基本結束，歷時將近兩年之久。論戰結果就表面上看，似乎「科學派」繼承五四餘緒取得了勝利，張君勱所要揭示的眞正文化問題也爲「科學派」激烈的辯詞所遮蔽。

　　其實張君勱反對科學萬能的說法，並非否定科學的重要性，相反他重視科學對中國社會發展的意義，爲此，他還反對翻譯斯賓格勒的代表作——《西

〔註17〕　胡適：《我們走哪條路？》，《新月》1929 年第 2 卷第 10 號。
〔註18〕　參見張君勱：《人生觀》，《清華周刊》1923 年第 272 期。

方的沒落》，因爲「此書一入中國則吾國傲然自大之念益增長」，勢必影響對
西方文化的學習，張君勱指出，「歐洲之科學方法與社會運動足以補救吾國舊
文明之弊，此信仰維持一日，則新文化之輸入早一日，若此信仰而墜失，不
獨吾國文明無復興之機，而東西洋接觸更因此阻遲。」〔註19〕張君勱批評中
國人追求科學是爲「政治上實用的目的，而不是眞理的追求」，並認爲「這一
點是中國最不能發達科學的一個原因」。〔註20〕強調「科學萬能」，人生的意
義將可能失去歸依，民族的生命也可能得不到合理的安頓。〔註21〕張君勱認
爲，不但要重視科學，更要重視科學背後的哲學理念和人文精神。

「科玄論戰」後，因「好人政府」垮臺，胡適將主要精力轉向古典小說
研究；張君勱也投入於創辦政治大學的工作中，雙方鮮有思想碰撞。再度彰
顯二者自由主義理念的不同是南京國民政府成立後。通過北伐革命，國民黨
建立南京國民政府，完成對全國形式上的統一。1929年4月20日，國民黨政
府發佈保障人權命令，胡適發表《人權與約法》矛頭直指國民黨和蔣介石，「要
一個約法來規定人民的身體、自由、及財產的保障」，使侵犯人權者都能受到
相應的法律制裁。〔註22〕接著又有《我們什麼時候才有憲法》、《知難、行亦
不易》等系列文章。從對國民黨的批判上看，由於孫中山的三民主義理論過
於含糊，解釋也比較隨意，缺乏體系的完整性與嚴謹性，無論是民主還是獨
裁都可以從中找到合理依據。同是批評國民黨，胡適從觀念上批評國民黨缺
乏人權保障，張君勱則從制度上批評三民主義的不合理，並且提出制度建構
的具體方案。胡適重在意義層面，張君勱重在操作層面。

1930年，國民黨中央宣傳部在審查報紙雜誌的報告中認爲，知識分子提
倡民治、自治、村治或法治、議會政治等等怪異主張的由來有二，「其一即存
心搞亂中央之反動派，其二即不明黨治訓政作用之教書先生，如胡適之之流

〔註19〕張君勱：《學術方法上之管見──與留法北京大學同學諸君話別之詞》，《改造》
　　　　1922年第4卷第5號。
〔註20〕張君勱：《科學與哲學之攜手──在梧州廣西大學講演》，《再生》1933年第2
　　　　卷第1期。
〔註21〕張君勱在《再論人生觀與科學並答丁在君》一文中明確指出：「近三百年之歐
　　　　洲，以信理智信物質之過度，極於歐戰，乃成今日之大反動。吾國自海通以
　　　　來，物質上以炮利船堅爲政策，精神上以科學萬能爲信仰，以時考之，亦可
　　　　謂物極將返矣。」參見張君勱：《再論人生觀與科學並答丁在君》，《晨報副刊》
　　　　1923年5月8～14日。
〔註22〕胡適：《人權與約法》，《新月》1929年第2卷第2號。

也。本黨對於反動派之言論，當然只有查禁駁斥。但對於胡適之這一輩不懂世故的名流，則除駁斥之外，宜再愷切詳明的把訓政黨治的最大作用闡揚出來，以免軍閥政客之推波助瀾致國家重陷民元革命失敗之故轍。」〔註 23〕報告雖然是直接針對「胡適派學人群」，但也表明了國民黨對知識分子的基本態度。

蔣介石則明確提出，「一個國家、一個主義、一個政黨、一個領袖」作爲官方的定論。其實知識分子並不否認統一的政府和統一的領袖，張君勱曾這樣比喻：「一人之身，四肢動作不聽命於神經者，是曰失魂之人，一國之動作，無中心的意志以帥之者，是曰失魂之國，嗚呼，世豈有失魂，而尙可稱爲國家者乎。」〔註 24〕然而，張君勱認爲，國家不能完全恃乎權力和恃乎槍桿，對內而言專靠權力亦不能維持長久，所謂「馬上得之、不能馬上治之」；就對外而言，國際間勝負，誠然要靠武備，但整個國家在武力的背後，如無集體的道德，要想立國於世界之林，也是不可能的。〔註 25〕某一個人、某一政黨乃至國家都沒有裁判自己的資格，民意才是統治的合法性的基礎。

針對國民黨的獨裁專政，1932 年，胡適與丁文江、傅斯年、翁文灝等 10 餘人創辦《獨立評論》，宣揚西方民主政治，反對獨裁專制和文化復古主義，胡適派學人群再度聚首。以筆爲刀，倡導「獨立」精神，主張「不倚傍任何黨派，不迷信任何所見，用負責的言論發表各人思考的結果。」〔註 26〕同一時期，張君勱也與張東蓀等人創辦《再生》雜誌，並組建中國國家社會黨，形成《再生》社學人群體。深諳政治學的張君勱知道，無論對國民黨如何不滿，僅停留在批評層面永遠無法實現民主憲政。因而從實際行動上組建政黨，即使不能上臺執政，也能以在野黨的身份監督政府，制衡國民黨，以此改變一黨專政的現狀。相比之下，崇尙實用主義的胡適更傾向於在象牙塔裡「坐而論道」；反而是被其稱爲「玄學鬼」的張君勱實現了由「坐而論道」到「起而可行」。「坐而論道」固然對思想文化的發展也很重要，但要解決實際問題，還需要從實際行動做起。民主憲政是自由主義知識分子的首選良方，對時局發表評論，陳述自己的政治主張，並以此診斷「中國問題」也是當時絕大多

〔註 23〕 國民黨中央宣傳部編：《審查全國報紙雜誌刊物總報告》（十九年七八九月份秘密），第二歷史檔案館藏，卷宗號：718～925。
〔註 24〕 張君勱：《中華民族之立國能力》，《再生》1932 年第 1 卷第 4 期。
〔註 25〕 張君勱：《立國之道》，上海：商務印書館，1947 年，第 38 頁。
〔註 26〕 《引言》，《獨立評論》1932 年第 1 號。

數知識分子一貫行事的方式，然而只是陳述原則、立場還不能解決實際問題，理論自足與實踐可行必須兩方面同時滿足，才能凸顯其學理關切的有效性。

「一個國家、一個領袖」知識分子可以認同，然則「一個主義、一個政黨」則使他們不能不警惕，尤其是「一個主義」完全突破了自由主義知識分子的底線。對國民黨素無好感的胡適，也是在認可蔣介石領袖地位的前提下，作為「黨外關心國事的人」，勸諫國民黨走上民主憲政的道路，向當局提供「好意的讚助」。〔註27〕張君勱的國家觀念一方面是為當時提供政策依據，同時也含有對當權政府的批評，認為國民黨，「黨治之下，獨有一黨，不容有他黨，獨有黨法，而無所謂國法，獨有對黨之責任，而無對國家人民之責任」。〔註28〕

因日本入侵而導致民族危機日益加深的情況下，以胡適為代表自由主義知識分子陣營發生分裂，一向主張一致的「胡適派學人群」出現極大的分歧，胡適始終是民主價值觀的忠實守望者，丁文江、蔣廷黻等人則主張變相專制還不如正名言順地獨裁。丁文江認為「領導四萬萬個阿斗，建設一個新的國家，當然是『非同小可的事』。但是要四萬萬個阿斗自己領導自己，新的國家是永久建設不起來。」〔註29〕蔣廷黻把建立一個強力政府當作中國社會的當務之急：「要建設現代的經濟社會，培養現代的人民，這不是亂世所能幹的事。同時只要有個強有力的中央政府能維持國內的安寧，各種的事業——工業、商業、交通、教育——就自然而然的會進步。」〔註30〕胡適表示堅決反對，他認為民主政治是常識的政治，「只有民主憲政是最幼稚的政治學校，最適宜於收容我們這種幼稚阿斗。我們小心翼翼的經過三五十年的民主憲政的訓練之後，將來也許可以有發憤實行一種開明專制的機會。」〔註31〕張君勱雖然沒有直接參與雙方的論戰，但關於「胡適派學人群」分歧的論斷頗有見地，他說：「蔣廷黻先生所說的建國問題，就是如何能使中華民國能成一個統一的國家。丁在君、胡適之先生所爭的民主與獨裁問題，是國家統一後政權安放的問題。」〔註32〕

〔註27〕 胡適：《從民主獨裁的討論里求得一個共同的政治信仰》，《獨立評論》1935年第 141 號。

〔註28〕 張君勱：《國民黨黨政之新歧路》，《再生》，1932 年第 1 卷第 2 期。

〔註29〕 丁文江：《民主政治與獨裁政治》，《獨立評論》1934 年第 153 號。

〔註30〕 蔣廷黻：《知識階級與政治》，《獨立評論》1935 年第 51 號。

〔註31〕 胡適：《再論建國與專制》，《獨立評論》1932 年第 82 號。

〔註32〕 張君勱：《民主獨裁以外之第三種政治》，《再生》1935 年第 3 卷第 2 期。

　　中國的局勢迫切需要一個強有力的政府，這使秩序與自由的尋求陷入兩
難的境地。個人自由與社會秩序存在一定程度上的對立，因爲秩序建構需要
個人讓步自由甚至是犧牲自由，但秩序與自由並不是截然對立，它們之間也
有互存的共性，良好的制度秩序無疑有助於保障自由。從這一層面考量，以
張君勱爲代表的自由主義知識分子陣營選擇與國民黨政權合作；以胡適爲代
表的自由主義知識分子陣營在經歷「民主與獨裁」論戰的分裂後，先後選擇
加入體制之內。自此，胡適更多是作爲自由主義的象徵而爲人們所稱道，很
少對當時政治產生實際影響。

　　張君勱則通過組建政黨的方式，以《再生》社學人群體爲基礎，從實踐
上踐行自由主義理念。在抗戰中有限認可國民黨政權的合法性，參與憲政運
動、人權保障運動，秉承形成於 1930 年代超越左右的中道取向，力圖通過國
共之外的「第三條路線」實現其立國訴求。張君勱與國民黨政權相合作，並
不代表他們認同一黨獨裁，而是因爲戰時需要，僅是權宜之計。在綱性文章
《國家民主政治與國家社會主義》一文中，張君勱明確提出：「一國之政治制
度，所以發端而能持久者，有兩大要件爲：一曰主持之誠意，二曰培養之時
間。所以立國，不能無政治制度，負推行此制度之責任者，則爲政府，當新
制度之根基未固也，則政府尤不可不以謹守法度自勵，以爲官吏與人民之表
率，循致其法制成爲國家構造之一部」。〔註 33〕

　　受進化論觀念和杜威觀點的影響，胡適深信科學方法是人類文明的最新
成果，既能普遍適用於人類社會的各領域，也能適用於一切社會。而實驗主
義提倡「大膽假設，小心求證」的方法與中國傳統考據學所使用的方法相同，
因而可以使用實驗土義對之進行裁定。胡適又強調，中國傳統已病入膏肓、
積重難返，只能徹底拋棄傳統、全盤西化，中國才能完成現代化。而張君勱
則從政治學的角度審視中國所面臨的諸多問題，接受洛克、密爾、拉斯基等
人的學說，對民主的理解更傾向於英國經驗主義的傳統。他反對胡適「那種
講自由主義，一定要把中國文化生命從根割斷。」〔註 34〕而是要以民族爲本
位，在揚棄傳統的基礎復興中華文化，建立民族自信。張君勱雖然強烈認同

〔註 33〕　張君勱：《國家民主政治與國家社會主義》（上），《再生》，1932 年第 1 卷第 2
　　　　　期。

〔註 34〕　牟宗三：《追悼會致詞》，朱傳譽編：《張君勱傳記資料》（6），臺北：天一出
　　　　　版社，1985 年，第 299 頁。

自由主義的價值理念，也對儒家傳統進行過猛烈批判，但他強調追求的現代化絕不能喪失民族文化的自主性、根源性。總體而言，胡適側重於對傳統文化的破壞，而張君勱側重於建設。無論是新文運動提倡白話文，還是出版《中國哲學史大綱》，胡適都對思想界造成猛烈衝擊。張君勱雖然讚賞胡適的學術貢獻，但認為這種狂風暴雨式的模式激情有餘而建設不足。他在 1939 年為章士釗《邏輯指要》所作的序言中指出：「然風雨既過之後，可遵行之途轍如何，換詞言之，學術上與社會上之新建樹如何，正有待於後人之努力，而非適之所能為功焉」。〔註35〕自 1930 年胡適派學人群分裂後，自由主義對中國政治的影響基本讓位於以張君勱為代表的知識分子陣營。

胡適與張君勱都高度認同西方民主政治的價值，胡適更多是這種價值的守望者，故面臨國民黨一黨獨裁時，採取批判的方式維護民主價值。張君勱不相信觀念上的批評能夠創造出完全合乎民主的社會，因此張君勱致力於把民主政治建立在以憲政為基礎的制度上。考察西方大國民主制度的實施經驗，結合中國政治演進現狀，張君勱從制度上認同民主，認為民主是一套有章可行的系統制度，因而看重憲法的作用，重視政黨的意義，強調制度設計的重要性，主張在實踐中完善民主，而不是等待國民素質完全達到民主的實施條件後再行民主政治。只有以憲法框正權力，將民主落實到制度上，方能構築中國的民主坦途。

在張君勱的社會主義思想中，政治民主與個人自由和社會公道緊密相連。個人自由是張君勱立國訴求的核心理念之一，也是他主張實行社會主義所要達到的個體價值關懷。值得注意的是，張君勱對自由的理解並非僅限於個體生命的表達，而且還上昇到民族文化的高度。他在 1936 年出版《明日之中國文化》中提出中華民族文化出路的總綱領：「造成以精神自由為基礎之民族文化。」所謂以精神自由為基礎的民族文化，他進一步解釋說，「精神與物質相對待；物質者塊然之物，無心靈、無思想，故無所謂精神；人類有思想、有判斷，能辨善惡，故有精神」。精神自由，有表現於政治者，有表現於道德者，有表現於學術者，有表現於藝術宗教者。概而言之，是各個人發揮其精神之自由，因而形成其政治、道德、法律、藝術。以精神自由為基礎的民族文化，在個人表現為自由之發展，在全體表現為民族文化之成績。個人精神上的自由，各本其自覺自動之知能，以求在學術上、政治上、

〔註35〕張君勱：《章行嚴著〈邏輯指要〉序》，《再生》1939 年第 29 期。

藝術上有所表現，而此精神自由之表現，在日積月累之中，以形成政治、道
德、法律，以維持其民族之生存。故因個人自由之發展，而民族之生存得以
鞏固。在傳統的君主政體之下，國民納稅當兵乃出於法令所在，故不敢不從。
從政守法，也是出法令所在不敢不如此。張君勱認爲，國民的義務、官吏之
守法完全憚於政府的權力，這是命令下的守法，命令下的道德，而非出於個
人精神上的自由。這種命令式的政治、命令式的道德與社會上類似的風尚一
日不變，則人之精神自由永不發展，而中國政治亦永無改良之日。張君勱進
一步解釋道：「個人之生活，不離乎團體，不離乎國家。團體國家之行動與
法律，所以保護個人；個人各盡其心力，即所以維持團體。故其守法、其奉
公，皆出於各人固有之責任，以自效於團體之大公，而非有憚於他人之威力
也。」這種自發自動的精神不存在，責任心也無由發生，因此不可能出現「如
西方人之於自己工作、於參與政治、於對外時之舉國一致，皆能一切出於自
動，不以他人之干涉而後然者」。西方因尊重個人自由故，所以自法國革命
以來，有自由平等之學說。其在憲法上，則有生命財產言論結社自由的保護。
公民有參與政治的權利；一切設施，皆以民意爲前提。公民積極參與選舉投
票，因爲他們「自知責任之重大」；政治家不以一時之挫折而灰心，「故勝者
立朝，敗者退位，而功罪是非亦易於分明」。如有對外戰爭，凡政府以國難
二字相號召，人民皆踴躍爭先以赴；即使平日相互對立的政黨，也以一致對
外而息其爭端。這一切都得益於以精神自由爲基礎的民族文化，因此，張君
勱主張個人自由並非側重於個人自由之解放忽視民族、國家，而是要求個人
與民族、國家並重。他強調，「個人自由，惟在民族大自由中，乃得保護，
乃能養成；民族之大自由若失，則各個人之自由亦無所附麗。所謂政治、學
術、宗教、藝術，皆發動於個人，皆予個人以發展之機會，而同時即所以範
圍個人，所以奠定民族之共同基礎；故個人自由之發展之中，不離乎大團體
之自由。惟有在民族大自由鞏固之中，而後個人自由始得保存。」〔註36〕

　　在民主政治下，達到既重視個體自由又關照社會公道是張君勱社會主
義立國思考的基本訴求。從本文前面五章的分析可以看出，張君勱社會主
義思想演進，1920年代前後爲社會主義思想的成形時期；30年代爲社會主
義思想的全面展開；進入40年代，尤其是抗戰勝利前後，則是思想成熟定

─────────

〔註36〕張君勱：《明日之中國文化》，上海：商務印書館，1936年，第120～124、130
　　　　頁。

型時期；晚年則通過對儒家傳統的發掘審視，並結合國際社會主義思潮的演變趨勢，對社會主義的未來作出新理解。張君勱社會主義立國訴求的發展，與參與政黨性的社團和組建政黨的政治活動密切相關，他參與政治的方式主要有兩種：一是直接參與，早年進入政府任職，後來組建政黨都是這種參與方式；二是間接參與，通過創辦刊物，表達政治主張和社會見解。無論哪種方式，都是走出象牙塔，表達對社會改造、國家前途和民族命運的關切。張君勱雖然系統提出民主政治和社會主義的實行方案，多次制定和勾畫出新自由主義理念下的民主社會主義藍圖，並為之奮鬥不已，但在當時的社會環境中，國共兩黨都拋棄政黨政治的運作模式，選擇蘇俄以黨領軍的發展途徑，這些客觀因素決定了儘管張君勱有超越國共兩黨的主張和政治理念，但缺乏左右政局的力量。最終在國共雙方訴諸武力的歷史較量中，提倡改良和主張民主緩進路線的社會主義注定只有弱勢的話語表達，而沒有機會給中國社會更多的理性思考和政治選擇。1949 年，張君勱離開大陸後，由於失去了政治參與的平臺，他關於社會主義的思考重心轉到發掘儒家傳統中的民主因素和社會主義資源，因為無論是民主政治還是社會主義，它們要在中國落地生根，必須要與中國人的意義世界發生關聯，至少是不能排斥中國人的文化傳統。以儒學彙通民主政治和社會主義，是張君勱企圖使儒學適應現代社會和使西方文化融入中國本土的一劑良方。在張君勱的立國思考中，中國的發展沒有現成的模式，借鑒民主政治還是社會主義，都必須要重視自己的文化傳統，必須向歷史的深處尋找傳統文化存在的根據和走向未來的契機。在張君勱晚年的社會主義思考中，中國的現代化進程不僅需要從外在借鑒西方的民主政治，還應從內在的傳統思想著手尋求適合中國制度建構的可能性。他對中國文化的態度是：「不應託庇先人宇下而自滿，不應坐享前人之成而自逸。」〔註37〕

　　張君勱一生「不因哲學忘政治，不因政治忘哲學」，在政治和學術兩個領域都有重要的建樹。他在社會主義立國追求中，重視學術與政治、理論與實踐的結合，因而他所提出的理論體系具有強烈的時代針對性，同時他所從事的政治實際活動帶有濃厚的理論色彩。儘管他提出的不少觀點和思想，曾受到過質疑和批評，但在今天看來，他對中國社會問題的把握和提出的解決方案仍不失思想者的敏銳性和先見性，對當前的社會問題依然具有其歷史價值

〔註37〕張君勱：《明日之中國文化》，上海：商務印書館，1936 年，第 162 頁。

和借鑒意義。他一生的立國思考，誠如其所言，「我雖不能建功於今日，可以明正義於後世，千百年後必有能爲公平之判斷者」。〔註38〕

〔註38〕張君勱：《中華民族精神──氣節》，《儒家哲學之復興》，北京：中國人民大學出版社，2006年，第197～198頁。

參考文獻

一、張君勱論著、譯著、資料集

論　著

1.《省制條議》，上海：商務印書館，1916 年。

2.《國憲議》，上海：時事新報社，1922 年。

3.《新德國社會民主政象記》，上海：商務印書館，1922 年。

4.《國內戰爭六講》，上海：國立自治學院，1924 年。

5.《武漢見聞》，上海：國立政治大學，1926 年。

6.《蘇俄評論》，上海：新月書店，1929 年。

7.《史泰林治下之蘇俄》，北平：再生社，1933 年。

8.《民族復興之學術基礎》，北平：再生社 1935 年。

9.《明日之中國文化》，上海：商務印書館，1936 年。

10.《立國之道》，桂林：商務印書館，1938 年；上海：商務印書館，1947 年。

11.《統一問題論戰》，重慶：正中書局，1939 年。

12.《與居覺生先生論民主憲政書》，重慶：自印本，1940 年。

13.《國家哲學概要》，無出版信息，香港浸會大學圖書館藏。

14.《印度復國運動》，重慶：商務印書館，1943 年。

15.《尼赫魯傳》，上海：商務印書館，1946 年。

16.《中華民國民主憲法十講》，上海：商印書館，1947 年。

17.《比較中日陽明學》，臺北：中華文化事業委員會，1953 年。

18.《義理學十講綱要》，臺北：華國出版社，1955 年。

19. 《辯證唯物主義駁論》，香港：友聯出版社，1958 年。

20. 《中國專制君主政制之評議》，臺北：弘文館，1986 年。

21. 《社會主義思想運動概觀》，臺北：稻鄉出版社，1988 年。

22. *The Third Force in China*, New York: Bookman Associates Inc., 1952.（《中國第三勢力》，張君勱學會譯，臺北：稻鄉出版社，2005 年）

23. *The Development of Neo-Confucian Thought*, New York: Bookman Associates Inc., 1957～1962.（《新儒家思想史》，程文熙譯，江日新校，臺北：弘文館，1986 年）

24. *Wang Yang-ming idealist philosopher of sixteenth-century China*, St. John's University Press, 1962.（《王陽明》，江日新譯，臺北：東大圖書，1992 年）

譯 著

1. 《國際立法條約集》，北京：正蒙印書局，1912 年。

2. 〔德〕杜里舒：《杜里舒演講錄》，上海：商務印書館，1923 年。

3. 〔德〕蒂利希：《論理學上之研究愛因斯坦氏相對論及其批評》，上海：商務印書館，1924 年。

4. 〔英〕喬特：《心與物》，上海：商務印書館，1928 年。

5. 〔英〕賴斯基：《政治典範》，上海：商務印書館，1930 年。

6. 〔德〕菲希德：《菲希德對德意志國民演講》，北平：再生社，1933 年。

7. 〔德〕魯屯道夫：《全民族戰爭論》，上海：中國國民經濟研究所，1937 年。

8. 〔英〕臺維斯：《雲南各夷族及其語言研究》，長沙：商務印書館，1941 年。

9. 〔英〕阿姆斯脱朗：《法國崩潰日記》，重慶：商務印書館，1943 年。

張君勱相關資料

1. 《科學與人生觀》，上海，亞東圖書館，1924 年。

2. 香港《新時代》文化服務社編：《中華民國獨立自主與亞洲前途》，香港：自由出版社，1955 年。

3. 鄒自強編：《張君勱新大陸言論集》，香港：自由出版社，1959 年。

4. 中國民主社會黨中央黨部編：《張君勱先生開國前後言論集》，臺北：正中書局，1971 年。

5. 程文熙編：《中西印哲學文集》，臺北：學生書局，1981 年。

6. 薛化元編：《1949 年以後張君勱言論集》（5 冊），臺北：稻鄉出版社，1989 年。

7. 《張君勱先生七十壽慶紀念論文集》，臺北：張君勱先生七十壽慶紀念論文集編輯委員會，1956 年。

8. 《張君勱先生九秩誕辰紀念冊》，臺北：中國民主社會黨中央黨部編印，1976 年。

9. 朱傳譽主編：《張君勱傳記資料》（8 冊），臺北：天一出版社，1979 年。

10. 《紀念張君勱先生百年冥誕學術研討會論文集》，臺北：張君勱先生獎學金基金會，1987 年。

11. 《張君勱先生百年冥誕紀念文集》，臺北：中國民主社會黨中央黨部編印，1987 年。

12. 黃克劍：《張君勱集》，北京：群言出版社，1993 年。

研究張君勱著作

1. 陳先初：《精神自由與民族復興：張君勱思想綜論》，長沙：湖南教育出版社，1999 年。

2. 丁三青：《張君勱解讀：中國史境下的自由主義話語》，南京：南京大學出版社，2009 年。

3. 江勇振：《張君勱》，臺北：商務印書館，1978 年。

4. 呂希晨、陳瑩：《張君勱學案》，見方克立，李錦全：《現代新儒家學案》，北京：中國社會科學出版社，1995 年。

5. 呂希晨、陳瑩：《張君勱思想研究》，天津人民出版社，1996 年。

6. 劉義林、羅慶豐：《張君勱評傳》，南昌：百花洲文藝出版社，1996 年。

7. 翁賀凱：《現代中國的自由民族主義——張君勱民族建國思想評傳》，北京：法律出版社，2010 年。

8. 王本存：《憲政與德性》，北京：中國政法大學出版社，2011 年。

9. 夏康農：《論胡適與張君勱》，上海：新知書店，1948 年。

10. 許紀霖：《無窮的困惑：近代中國兩個知識者的歷史旅程》，上海：三聯書店，1988 年。

11. 薛化元：《民主憲政與民族主義的辯證發展——張君勱思想研究》，臺北：稻禾出版社，1993 年。

12. 楊永乾：《中華民國憲法之父：張君勱傳》，臺北：唐山出版社，1993 年。

13. 姚中秋：《現代中國的立國之道》，北京：法律出版社，2010 年。

14. 鄭大華：《張君勱傳》，北京：中華書局，1997 年。

15. 鄭大華：《張君勱學術思想評傳》，北京：北京圖書館出版社，1999 年。

二、中文參考資料

期　刊

1. 《新民叢報》、《憲政新誌》、《憲法新聞》、《政論》、《新中華》、《大中華》、《東方雜誌》、《改造》（《解放與改造》）、《法學季刊》《晨報副刊》、《新路》、《再生》、《大公報》、《申報》、《益世報》、《先驅》、《觀察》、《民憲》

檔案及相關資料集

1. 蔡尚思主編：《中國現代思想史資料簡編》（第 3 卷），杭州：浙江人民出版社，1983 年。

2. 陳竹筠、陳起城編：《中國民主黨派歷史資料選輯》（上、下），上海：華東師範大學出版社，1985 年。

3. 四川大學馬列教研室編：《國民參政會資料》，成都：四川人民出版社，1984 年。

4. 《文史資料選輯》增刊第 2 輯，中國文史出版社，1987 年。

5. 中國第二歷史檔案館編：《中國民主社會黨》，北京：檔案出版社，1988 年。

6. 中國第二歷史檔案館編：《北洋軍閥統治時期的黨派》，北京：檔案出版社，1994 年。

7. 中國第二歷史檔案館編：《中華民國史檔案資料彙編》（第 5 輯），南京：江蘇古籍出版社，1999 年。

8. 《政治協商會議資料》，成都：四川人民出版社，1981 年。

9. 再生社編輯部：《中國民主社會黨專輯》，上海：再生社，1946 年。

10. 張忠棟等編：《現代中國自由主義資料選編》（9 冊），臺北：唐山出版社，1999～2002 年。

著　作

1. 陳漢楚：《社會主義在中國的傳播和實踐》，北京：中國青年出版社，1984 年。

2. 丁文江、趙豐田編：《梁啟超年譜長編》，上海：上海人民出版社，1983 年。

3. 鄧麗蘭：《域外觀念與本土政制變遷》，北京：中國人民大學出版社，2003 年。

4. 方慶秋編：《中國民主社會黨》，北京：檔案出版社，1988 年。

5. 馮今白編：《中國往那裡去》，北平：再生社，1934 年。

6. 方敏：《「五四」後三十年民主思想研究》，北京：商務印書館，2004 年。

7. 耿雲志：《西方民主在近代中國》，北京：中國青年出版社，2003 年。

8. 葛懋春編：《無政府主義思想資料選》，北京：北京大學出版社，1984 年。

9. 高瑞泉主編：《中國近代社會思潮》，上海：華東師範大學出版社，1997 年。

10. 歐陽哲生編：《容忍比自由更重要：胡適與他的論敵》，北京：時事出版社，1999 年。

11. 胡偉希等：《十字街頭與塔——中國近代自由主義思潮研究》，上海：上海人民出版社，1991 年。

12. 何信全：《儒學與現代民主——當代新儒家政治哲學研究》，臺北：中央研究院中國文哲研究所籌備處，1996 年。

13. 黃克武：《一個被放棄的選擇：梁啓超調適思想之研究》，北京：新星出版社，2006 年。

14. 蔣均田：《民主與社會主義》，臺灣：商務印書館，1968 年。

15. 羅隆基：《政治論文》，上海：新月書店，1932 年。

16. 羅義俊編：《評新儒家》，上海：上海人民出版社，1989 年。

17. 羅志田：《權勢轉移：近代中國的思想、社會與學術》，武漢：湖北人民出版社，1999 年。

18. 羅志田：《亂世潛流：民族主義與民國政治》，上海：上海占籍出版社，2000 年。

19. 林毓生：《中國意識的危機：「五四」時期激烈的反傳統主義》，貴陽：貴州人民出版社，1986 年。

20. 李澤厚：《中國現代思想史論》，北京：東方出版社，1987 年。

21. 李強：《自由主義》，北京：中國社會科學出版社，1998 年。

22. 李世濤主編：《自由主義之爭與中國思想界的分化》，長春：時代文藝出版社，2000 年。

23. 歐陽哲生：《自由主義之累：胡適思想的現代闡釋》，上海：上海人民出版社，1993 年。

24. 皮明庥：《近代中國社會主義思潮覓蹤》，長春：吉林文史出版社，1991 年。

25. 彭鵬：《研究系與五四新文化運動》，廣州：中山大學出版社，2003 年。

26. 薩孟武：《中國社會問題之社會學的分析》，上海，華通書局，1929 年。

27. 石畢凡：《中國近代自由主義憲政思潮研究》，濟南：山東人民出版社，2004 年。

28. 魏萬磊：《20 世紀 30 年代「再生派」學人的民族復興話語》，北京：中國社會科學出版社，2011 年。

29. 蕭公權等：《近代中國思想人物論・社會主義》，臺北：時報文化出版事業有限公司，1985 年。

30. 許俊達：《民主社會主義哲學源流》，合肥：安徽教育出版社，1994 年。

31. 徐崇溫：《民主社會主義評析》，重慶：重慶出版社，1995 年。

32. 徐覺哉：《社會主義流派史》，上海：上海人民出版社，2007 年。

33. 熊月之：《中國近代民主思想史》，上海：上海社會科學院出版社，2002 年。

34. 楊奎松：《海市蜃樓與大漠綠洲——中國近代社會主義思潮研究》，上海：上海人民出版社，1991 年。

35. 余英時：《中國知識分子論》，鄭州：河南人民出版社，1997 年。

36. 閆潤魚：《自由主義與近代中國》，北京：新星出版社，2006 年。

37. 殷敘彝：《民主社會主義論》，北京：中央編譯出版社，2007 年。

38. 張東蓀：《思想與社會》，上海：商務印書館，1946 年。

39. 張東蓀：《理性與民主》，上海：商務印書館，1946 年。

40. 張東蓀：《民主主義與社會主義》，上海：觀察社，1948 年。

41. 張灝：《梁啓超與中國思想的過渡》，南京：江蘇人民出版社，1997 年。

42. 張灝：《張灝自選集》，上海：上海教育出版社，2002 年。

43. 張朋園：《梁啓超與民國政治》，吉林出版集團，2007 年。

44. 張朋園：《中國民主政治的困境，1909～1949：晚清以來歷屆議會選舉述論》，吉林出版集團，2007 年。

45. 朱志敏：《五四民主觀念研究》，北京：北京師範大學出版社，1996 年。

46. 左玉河：《張東蓀傳》，濟南：山東人民出版社，1998 年。

47. 鄭永流：《法治四章——英德淵源、國際標準和中國問題》，北京：中國政法大學出版社，2002 年。

48. 章清：《「胡適派學人群」與現代中國自由主義》，上海：上海古籍出版社，2004 年。

49. 張汝倫：《現代中國思想研究》，上海：上海人民出版社，2001 年。

50. 中國現代文化學會編：《東西方文化交融的道路與選擇》，成都：四川人民出版社，1993 年。

論 文

1. 陳先初：《精神自由與民族文化——張君勱文化思想透視》，《求索》2000 年第 1 期。

2. 陳先初：《張君勱憲政思想評議》，《船山學刊》2002 年第 2 期。

3. 陳先初:《從民族意識之培養到民族國家之建立——張君勱關於中國問題的民族主義思考》,《船山學刊》2007 年第 4 期。

4. 陳先初:《「以理想之政黨改造中國」——淺議張君勱的政黨觀》,《安徽史學》2007 年第 2 期。

5. 陳惠芬:《民族性、時代性、自主性:1930 年代張君勱的文化抉擇》,《臺灣師大歷史學報》2000 年第 28 期。

6. 陳惠芬:《張君勱的生平事略與憲法思想》,《人文及社會學科教學通訊》2001 年第 12 卷第 3 期。

7. 成慶:《自由主義與共和主義:現代中國思想史中的兩種民主觀——以張君勱與張東蓀為例》,《天津社會科學》2005 年第 4 期。

8. 成慶:《尋找秩序——中國思想史脈絡中的張君勱研究》,《華東師範大學學報》2008 年第 1 期。

9. 丁三青:《一個自由主義者的痛苦抉擇——1946 年張君勱同意民社黨出席「國大」動因探微》,《史學月刊》2003 年第 9 期。

10. 丁三青:《張君勱社會主義思想及其流變》,《徐州師範大學學報（哲學社會科學版）》2004 年第 5 期。

11. 黃冬婭:《張君勱自由觀淺析》,《廣西社會科學》2002 年第 1 期。

12. 胡麗娟:《張君勱與張東蓀絕交原因探析——一個憲政主張上的比較》,《湖南科技學院學報》2008 年第 6 期。

13. 荊世傑、丁興富:《論近代中國民主社會主義思潮》,《瀋陽師範學院學報》（社會科學版），2001 年第 4 期。

14. 雷頤:《殊途同歸:胡適與張君勱的歷史命運》,《近代史研究》1994 年第 3 期。

15. 劉是今:《超越與困頓:二十世紀三、四十年代中國自由主義知識分子與民主社會主義》,《湖南經濟管理幹部學院學報》2006 年第 4 期。

16. 林紅明、許建剛:《張君勱的民主政治與中間路線思想剖析》,《天中學刊》2007 年第 1 期。

17. 劉宗靈:《理想與現實的調和——梁啓超、張君勱國會組織思想演變之比較》,《五邑大學學報》2008 年第 1 期。

18. 潘光哲:《張君勱對社會主義體制的觀察（1919～1922）》,《國立政治大學歷史學報》1999 年第 16 期。

19. 申曉雲:《今日中國的馬克思主義與民主社會主義》,《東亞論文》（新加坡）2005 年總第 49 期。

20. 單世聯:《以德為師:張君勱早期的一個觀點》,《廣東社會科學》2010 年第 1 期。

21. 王思睿、何家棟：《社會民主主義在中國》，《博覽群書》2004 年第 4 期。

22. 王本存：《「立憲」的隱微與顯白──評張君勱的〈穆勒約翰議院政治論〉》，《現代法學》2007 年第 5 期。

23. 王本存、李亞樓：《立憲的「藥方」──張君勱的清末憲政想像》，《政法論叢》2007 年 6 期。

24. 王本存：《張君勱、施米特與魏瑪憲法》，《學海》2009 年第 3 期。

25. 王本存、王莉：《聯邦制還是單一制──民初張君勱就政制的論辯》，《寧夏大學學報》2009 年第 3 期。

26. 王曉黎：《張君勱「德法合一」論述評》，《管子學刊》2009 年第 2 期。

27. 翁賀凱：《國家社會主義下之計劃經濟──張君勱 1930 年代的社會主義思想論析》，《福建論壇》2007 年第 8 期。

28. 翁賀凱：《張君勱憲政民主思想的起源──以〈穆勒約翰議院政治論〉為中心的考察》，《清華大學學報》2008 年第 5 期。

29. 翁賀凱：《張君勱民主社會主義思想的起源》，《二十一世紀》，2008 年第 108 期。

30. 翁賀凱：《張君勱憲政民主思想的成熟 1944～1969》，《江蘇行政學院學報》2009 年第 3 期。

31. 魏萬磊：《論 20 世紀 30 年代國家社會主義的內涵》，《清華大學學報》2009 年第 6 期。

32. 許紀霖：《社會民主主義的歷史遺產──現代中國自由主義的回顧》，《開放時代》，1998 年第 4 期。

33. 許紀霖：《現代中國的自由民族主義思潮》，《社會科學》2005 年第 1 期。

34. 蕭俊：《蕭公權憲政思想述評──兼與張君勱比較》，《深圳大學學報》2004 年第 3 期。

35. 蕭豐樣：《秀異份子與全民參與──張君勱的政治觀》，《東亞季刊》1977 年第 9 卷第 1 期。

36. 熊自健：《張君勱的社會主義觀》，劉述先主編：《當代儒學論集：挑戰與回應》，中央研究院，中國文哲研究所籌備處，1995 年。

37. 應奇：《論張君勱的政治哲學》，《浙江大學學報》1994 年第 2 期。

38. 原正人：《中國之前途：集權乎？分權乎？──民國初期張君勱與張東蓀的「聯邦論」》，《國立政治大學歷史學報》2003 年第 20 期。

39. 葉其忠：《從張君勱和丁文江兩人和「人生觀」──文看 1923 年「科玄論戰」的爆發與擴展》，《中央研究院近代史研究所集刊》1996 年第 25 期。

40. 葉其忠：《1923 年「科玄論戰」前張君勱對歐戰四個看法之嬗變及其批評》，《中央研究院近代史研究所集刊》2000 年第 33 期。

41. 莊有爲：《三十年代初，張君勱國家社會主義思想述評》，《上海師範大學學報》1989 年第 4 期。

42. 張振國：《孫中山與張君勱的憲政思想比較》，《現代法學》2002 年第 4 期。

43. 張振國：《張君勱對中央政制的具體設計——簡析〈國事會議憲草〉及〈政協憲草〉設計的中央政制》，《現代法學》2003 年第 1 期。

44. 張振國：《胡適與張君勱的自由主義比較》，《政法論壇》2007 年第 2 期。

45. 鄭大華：《國家、社會與個人——張君勱政治思想的演變》，《天津社會科學》2004 年第 4 期。

46. 鄭大華：《張君勱的社會主義思想及其演變》，《浙江學刊》2008 年第 2 期。

47. 周驍男、王連偉：《張東蓀中西之別思想初探——兼與張君勱比較》，《學習與探索》2004 年第 1 期。

譯　著

1. 〔瑞士〕埃里希·艾克（Erich Eyck）：《魏瑪共和國史》，高年生、高榮生譯，北京：商務印書館，1994 年。

2. 〔美〕伯納爾著：《一九〇七年以前中國的社會主義思潮》，福州：福建人民出版社，1985 年。

3. 〔德〕伯恩斯坦：《什麼是社會主義》，史集譯，北京：三聯書店，1963 年。

4. 〔德〕伯恩斯坦：《社會主義的前提和社會民主黨的任務》，殷敘彝編：《伯恩施坦文選》，北京：人民出版社，2008 年。

5. 〔韓〕曹世鉉：《清末民初無政府派的文化思想》，北京：社會科學文獻出版社，2003 年。

6. 〔澳〕馮兆基：《尋求中國民主》，劉悅斌等譯，南京：江蘇人民出版社，2011 年。

7. 〔德〕哈貝馬斯：《包容他者》，曹衛東譯，上海：上海人民出版社，2002 年。

8. 〔美〕紀文勳：《現代中國的思想衝突——民主主義與權威主義》，程農、許劍波譯，太原：山西人民出版社，1989 年。

9. 〔英〕柯爾：《社會主義思想史》第（4 卷），何瑞豐等譯，北京：商務印書館，1977～1994 年。

10. 〔英〕洛克：《政府論》（上），瞿菊農，葉啓芳譯，北京：商務印書館，1982 年；〔英〕洛克：《政府論》（下篇），葉啓芳、瞿菊農譯，北京：商務印書館，2005 年。

11. 〔美〕羅爾斯:《正義論》,何懷宏譯,北京:中國社會科學出版社,1988年。

12. 〔法〕盧梭:《社會契約論》,何兆武譯,北京:商務印書館,2003年。

13. 〔英〕密爾:《論自由》,許寶騤譯,北京:商務印書館,1959年。

14. 〔英〕密爾:《代議制政府》,汪瑄譯,北京:商務印書館,1984年。

15. 〔美〕施瓦支(史華慈):《中國的啟蒙運動——知識分子與五四遺產》,李國英等譯,太原:山西人民出版社,1989年。

16. 〔美〕史華慈:《尋求富強:嚴復與西方》,葉鳳美譯,南京:江蘇人民出版社,1996年。

17. 〔美〕喬‧薩托利:《民主新論》,馮克利、閻克文譯,北京:東方出版社,1998年。

碩博論文

1. 巴圖:《張君勱與中國民主社會黨》,中國人民大學博士論文,1994年。

2. 成慶:《尋找秩序———中國思想史脈絡中的張君勱研究》,華東師範大學碩士論文,2007年。

3. 公茂虹:《張君勱政治思想研究》,北京師範大學博士論文,1996年。

4. 李昶:《張君勱與民族文化》,中山大學博士論文,1998年。

5. 李煉:《張君勱的倫理思想研究》,武漢大學博士論文,2010年。

6. 林紅明:《張君勱與中間路線研究:1887～1946》,揚州大學碩士論文,2007年。

7. 歐陽詢:《張君勱:哲學與政治之間》,湘潭大學碩士論文,2007年。

8. 盛栩錚:《論張君勱社會主義思想及其現代意義》,浙江師範大學碩士論文,2010年。

9. 王曉黎:《評述張君勱「德法合一」論》,山東大學碩士論文,2006年。

10. 王本存:《憲政與德性》,重慶大學博士論文,2007年。

11. 張振國:《張君勱的憲政思想研究》,北京大學博士論文,2002年。

12. 張蕊:《張君勱「修正的民主政治」思想研究》,天津師範大學碩士論文,2009年。

13. 曾頡:《《魏瑪憲法》之中國話語:張君勱的〈德國新共和憲法評〉釋義》,西南政法大學碩士論文,2007年。

三、英文參考資料

1. Chen, Dandan. Politics and ethics: Zhang junmai and the search for a new ethical life in modern china. Harvard University, 2010.

2. Chan, Wing-tsit. The study of chu hsi in the west. The Journal of Asian Studies（Pre～1986）, Vol. 35, No. 4, 1976.

3. Dirlik, Arif. New Confucianism: A critical examination. The China Quarterly, Vol.184, 2005.

4. Edmund, S. K. Fung. Socialism, capitalism, and democracy in Republican China. Modern China, Vol. 28, No. 4, 2002.

5. Edmund, S. K. Fung. State Building, Capitalist Development, and Social Justice: Social democracy in China's modern transformation, 1921～1949, Modern China, Vol. 31, No. 3, 2005.

6. Edmund, S. K. Fung. The idea of freedom in modern China revisited: plural conceptions and dual responsibilities, Modern China, Vol. 32, No. 4, 2006.

7. Edmund, S. K. Fung. Were Chinese liberals liberal? Reflections on the understanding of liberalism in modern China. Pacific Affairs, Vol. 81, No. 4, 2008.

8. Edmund, S. K. Fung. Nationalism and modernity: The politics of cultural conservatism in Republican China. Modern Asian Studies, Vol. 43, No.3, 2009.

9. Jeans, Roger B., Democracy and Socialism in Republican China: The Politics of Zhang Junmai（Carsun Chang）, 1906～1941, Rowman & Littlefield Publishers, INC. 1997.

10. Jeans, Roger B., Roads Not Taken: The Struggle of Opposition Parties in Twentieth Century China Boulder, San Francisco and Oxford: Westview Press, 1992.

11. Peterson, Kent McLean. A political biography of zhang junmai, 1887～1949. Princeton University, 1999.

12. Svensson, Marina. Confucianism and human rights. The Journal of Asian Studies, Vol.58, No. 2, 1992.

13. Wong Cheuk Kwan. Carsun Chang and Democratic Socialism in Republican China, 1919～1938, University of Hong Kong, 1991.

14. Zhang, Rulun. The Third Way, Contemporary Chinese Thought, Vol. 31, No. 4, 2000.

後　記

在讀博士之前就想過，一定要好好寫篇博士論文後記。當現在眞正寫作時，心中似有千言萬語，卻又無處落筆，只好從我的成長經歷說起。

一、成長

與我同齡者，多數是獨生子女。而我出生在貴州，地處邊遠，觀念也相對保守。父母秉持多子多福的傳統觀念，故我的童年並不孤獨，有三個妹妹與我一起成長。儘管條件艱難，但在我的記憶中，童年依然幸福。

在幾乎與世隔絕的小山村，祖祖輩輩留下的傳統，刀耕火種的歲月，在我童年生活中留下深深的印跡。如無大病，無天災，無子女在外上學，人們的生活倒也有一份寧靜與祥和。而我，思想中總有那麼一點不安分，總希望走大山，總希望見見書刊和電視中所展顯的世界，上學讀書則成爲唯一可行的出路。父母也樂見其成，但這樣一來，他們的負擔就異常沉重。

家中經濟收入只有種地，父母將大部分時間都用在種莊稼上，希望多一份辛苦的付出可以爲我們多湊到一點上學的費用。爲此，他們經常沒日沒夜地忙碌著，外出幹活常常到天黑才回家，還不時需要我和妹妹打著火把去半路迎接，因而家務基本由我和妹妹承擔。

我的三個妹妹分別叫王海燕、王東燕、王金燕。海燕性格溫和，與我一起承擔了家中的雜務，諸如做飯、餵豬、掃地……；東燕聰明伶俐，又有點古靈精怪；金燕體弱多病，但讀書很有天賦。就成績而言，兄妹四人中我成績最差，儘管我讀書的意志比較堅定，但高中之前成績始終只是中等偏上，而妹妹們的成績總是名列前茅。

　　不安分是我小時候最大的毛病，從未讓父母省心過，也因此挨了不少打，甚至妹妹也常常因爲袒護我的錯誤而受到牽連。

　　在村裏，人們並非完全純樸善良，儘管大家同處於社會的最底層，但總有人希望找到更弱者踩在腳下，以此顯示存在的價值和權威，父母在村裏和族人中就是最弱者。弱者不是同情和幫助的對象，而是可以被嘲弄和任意欺凌的對象。弱者必須要事事不如人，否則就是犯大忌。妹妹在學校成績很好，這也犯了大忌。再加上父親性格堅毅，雖然遇事忍讓，但總不願向人低頭；母親性格好強，凡事總想論個是非曲直。在這樣的環境中，結果可想而知，不但得罪了鄰居，也得罪了不少親戚。

　　婚喪嫁娶永遠是村裏的大事，如果其中有節外生枝的事情發生，更能帶給人們無比的歡愉。記得奶奶去逝時，被父親開罪了的親戚（奶奶的娘家人）總算找到可以發揮的藉口，以興師問罪的態度大鬧特鬧，理由是沒有照顧好長輩，繼而扣上不孝的帽子進行道德審判。父母受到百般凌辱，我也未能幸免，從未見過大場面的三個妹妹更是嚇壞了。這個寧靜的小山村突然間熱鬧非凡，不少人興奮異常，恨不得奔走相告。

　　在村裏，生活的壓力和打擊人們都能承受，卻很少有人能接受被定上不孝「罪名」。母親一時想不開，選擇自殺的方式來表示自己的委屈，雖然搶救及時，但還是落下了無法挽回的病根。

　　大約同病相憐吧！也有境遇相同者私下表示同情，但鮮有人敢說句公道話！

　　也許蒙昧未化，也許環境使然……！

　　因此，我始終對儒家的「性善論」抱以深深地質疑。

　　儘管隔三差五會受到所謂「強者」的欺凌，但我們兄妹總能給父母以無限的期望，尤其是每次考試結果，父母常常會爲此欣喜好一陣子。

　　升初中時，我考上縣城中學，由於經濟緊張，只能放棄到縣城裏上學的機會，選擇在鎮上的中學就讀，這樣可以減少住校的費用。學校離家大約二十里地，每天翻山越嶺上學倒也別有一番風味。由於學校離家太遠，中午不能回家吃飯，常常在街上閒逛，等待下午的上課時間。不吃午飯雖然艱苦，但也能苦中作樂，如找個便利店，站在門口看電視，店主從來沒有驅趕過我們，甚至第二天有事不開門都提前告知，對此，我現在還心存感激。另外，看鎮政府和派出所的吉普車也是一大樂趣，當它偶而駛過我面前，內心便充

滿渴望和畏懼。渴望是因爲從沒坐過車，連拖拉機都沒坐過，實在想不出坐在車裏會是什麼感覺；畏懼則是源於長輩的情感傳遞。在老人們的意識中，鎭上的機關都叫「公社」，並且給他們留有永遠無法抹去的時代記憶。甚至有小孩哭鬧或者不聽話，一句「公社的來了」往往還能起到出其不意的效果。我出生和成長的年代早已沒有了「公社」這一機構，但不知爲何，我對「公社的人」也充滿畏懼，也許是上一輩人的心理投射吧！

第一次有機會坐車是到縣城裏參加中考（初中升高中的考試），也許是暈車，也許是興奮、緊張、激動……，或者間而有之。總之，全程我都雙手緊緊抓住前面的座椅靠背，也不敢看窗外，唯一的印象是暈眩。這次考試可說改變了我的命運，因爲總算可以走出重重大山，到六盤水市第一中學就讀高中。

夢想，似乎已不再遙遠。

然而，天有不測風雲，所有希望都破滅於高二下學期（2000 年 6 年），山體滑坡，父母和妹妹全部遇難。

家沒了！親人沒了！曾有無數過夜晚不停地追問：我活著意義是什麼？

寫到這裡，忽然想起米蘭・昆德拉的一段話：「負擔越重，我們的生命越貼近大地，它就越眞實。當負擔完全缺失，人就變得比空氣還輕，就會飄起來，遠離大地，變成一個半眞的存在。」（《不能承受的生命之輕》）沒有了希望和寄託，動力全無，勇氣頓失！

在那段艱難的歲月，好友楊振興及其家人的鼓勵，小姨一家無微不至的關懷，許多認識和不認識的人給以的無私幫助，總算讓我慢慢從失去親人的陰影中緩和過來。受此影響，雖然成績曾一落千丈，但高考時還是勉強考上了貴州大學。

我能考上大學，居然還讀到博士，讓村裏太多的人感到意外，也讓太多的人不知所措。但村民們的轉變之快如同政客一樣，鄰居、族人、中斷往來多年的親戚紛紛向我祝賀，「世態炎涼」一詞大體就是描述這種情況吧！在考上大學之前，他們不但從未對我施以援手，而且還想方設法侵佔政府給予的有限救助，現在想來，眞是絕大的諷刺！

在上大學之前，我讀書的理由很簡單：工作，掙錢！這樣就可以讓父母不用披星戴月地長年勞碌，可以給妹妹買一身適合的衣服，因爲妹妹總穿著我的舊衣服上學，在同學的嘲笑聲中，不知承受了多少委屈和壓力。我曾發

誓，考上大學了，一定要掙錢爲妹妹們買上一身漂亮的衣服。大學是考上了，但爲她們買衣服的承諾已永遠無法實現！

博士論文完成，也算是給九泉之下的親人一個安慰。在此，借《詩經·蓼莪》以誌父母養育之恩：

父兮生我，母兮鞠我。拊我畜我，長我育我。顧我復我，出入腹我。欲報之德，昊天罔極！

南山烈烈，飄風發發。民莫不穀，我獨何害？

南山律律，飄風弗弗。民莫不穀，我獨不卒！

二、求索

如果說上大學及其之前是我成長的經歷，那麼進入南京大學攻讀博士學位應該算是我進入學術研究求索階段。

初接觸到與張君勱相關的文章是在 2006 年前後，當時對牟宗三、唐君毅、徐復觀等人的著作感興趣，張君勱與他們聯名發表有《爲中國文化敬告世界人士宣言》。當時只知道張君勱是當代新儒家的代表人之一，但並未進一步涉獵其論著，原因大約是那時我正潛心學習佛教思想，對儒學的關注也多偏向「陸王心學」一系。佛教重生命體悟，尤其是禪宗關於「心性」的看法，對陸王一系影響深遠，因此，對以「陸王心學」爲起點的幾位新儒家很感興趣。張君勱雖是當代新儒家的開創人之一，但他復興儒學的起點是程朱理學，與禪宗重心性體悟的路徑有很大不同，故沒進一步瞭解其思想主張。

後來，碩士論文以南明遺民逃禪爲研究對象，多接觸與明末士人相關的材料，注意到當時盛行王學，由於流於義理空談，不但未能有效開出外王，甚至連內聖的追求也多停留於言說層面，曾如時人批評：「平日袖手談心性，臨難一死報君王」。陸王心性之學對我的吸引力開始減退。再加之，國內掀起國學熱潮，諸如國學班、讀經班一時遍及全國各地，但動機多是經濟利益，並流行所謂「文化搭臺經濟唱戲」的政策。在人心浮躁的當今社會，的確需要反觀內省，確立內在的道德自我，促進個人的自我完善；但將心性體悟的學問作爲一種形式來追求，其結果終逃脫不了明末清談的命運。因此，對新儒家的興趣也漸漸淡了下來。

再次關注到張君勱是有幸考入南京大學。在導師申曉雲教授悉心指導

下，瞭解到張君勱不僅是新儒家的代表人物，而且還是一個自由主義者，他提倡社會主義，建構以民主政治和社會主義改造中國的立國之道。作爲新儒家的代表人之一，張君勱受到人們的關注卻遠遠低於其學生輩的牟宗三、徐復觀等人；作爲自由主義者，與胡適相比，學界對他的研究可以用「清冷」一詞形容；至於他的社會主義主張，研究者更是少之又少。因此，我的博士論文以張君勱民主憲政理念下的社會主義思想作爲選題。

張君勱學貫古今，橫通中西，要研究他的社會主義思想，對於學識淺薄的我來說，的確是很大的挑戰。我不敢奢求絲毫不差地把握張君勱的思想，但心懷同情和敬意，希望能按時間順序的脈絡來探索張君勱的社會主義立國訴求，以不至於迷失在他的思想森林中。南宋詩人劉克莊云：「身隱免貽千載笑，書成猶要十年閒」！如能拋磚引玉，讓更多研究者關注張君勱的社會主義思想和他的自由主義身份，即使貽笑大方，我也知足了。

論文從選題到擬定提綱，從撰寫修改到最終成稿，每一步都凝結著導師申曉雲教授的心血和汗水。甚至一段時間，論文寫作的語言行文都未能擺脫張君勱的影響，申老師時時提醒我不要被研究對象所俘虜，要跳出張君勱的思維視野，與研究人物對話。師之所言，每每一語切中問題所在。雖有申師高屋建瓴的指導，奈何我學識淺薄，寫作過程中常常是捉襟見肘，也未能完整體現出老師的指導意見。故但凡文中謬誤之處，概由本人承擔。

三、感謝

我的成長和求學道路走得坎坷，其中受到不少人的雨露恩澤，因而感謝也肯定是一份長長的名單！

首先，感謝導師申曉雲教授！我從古代史轉到近代史，承蒙師之不棄，有幸忝列門牆，勉強從事近現代史的學習和研究。師治學嚴謹，博採眾長，超然獨出，自成一家，將「傳道、授業、解惑」的眞諦發揮得淋漓盡致。每次向師請教，既有醍醐灌頂之效，又有如沐春風之喜悅。儘管學界也是一江湖，但師始終堅守學者的學術良知和精神家園，從不容忍歪風邪氣。師是一座學術與道德的高峰，教給的不僅是知識的學問，也是生命的學問。能投入申師門下，實乃三生有幸！

其次，感謝貴州大學歷史系林芊教授對我的鼓勵與鞭策。林先生是我大

學時的班主任，也是我學術成長的引路人。在貴州大學求學期間，困於人生之迷茫，苦於生活之困頓，先生關懷備至，若無先生之鼓勵與鞭策，我很難在學術研究這條道路上堅持下來。

再次，感謝歷史系的諸位老師，崔之清教授、李良玉教授、馬俊亞教授、董國強教授、胡成教授、李玉教授、陳謙平教授等，諸位先生博學嚴謹，要麼在課堂上受益匪淺，要麼在學習中深受啓迪。特在此一併謝過。歷史系學者雲集，但遺憾的是還未來得及向諸多教授相識、相學，來日方長，只好以後再找時間請教。

李良玉教授、董國強教授、胡成教授在開題、預答辯時給本文的寫作和修改提出了許多富有建設性的意見和建議，有的建議由於本人學識有限，暫時還未能體現於修改稿中。有待進一步學習後，再逐一採納吸收。謝謝諸位先生的指導。

同門的師兄、師弟、師妹已是一個頗具規模的大家庭，名字恕不一一列舉。不僅與之有學術上的相互砥礪，而且還有生活上彌足珍貴的歡樂與友誼。三年來，一路有諸君相伴，幸哉幸哉！尤其師妹王蕾，資料收集、論文寫作以及最後修改都曾多次提供幫助，甚是感謝。

三年求索路，始終有女友駱利紅默默的支持與守候。我相信：沒有相同的情感，便不會產生彼此的共鳴；沒有相近追求，心與心就不會真正的靠近！縱然如此，等待亦消磨人的青春和歲月，謝謝她無怨無悔的包容與守候。

感謝劉承軍兄從臺灣帶回我急需資料！感謝中國近現代史專業的諸位同窗！感謝一路相伴的同學、朋友，是你們讓我在求學路上不再孤獨和無助。謝謝很多曾經幫助過我知名和不知名的人，願好人一生平安！

最後，感謝耄耋之齡的爺爺，祝爺爺健康長壽！

儘管言不盡意，我還是寫下這段簡短的文字，以表達我的感激之情。大恩不言謝，又怎一個謝字了得？

王尤清

2013 年 5 月 18 日於南京大學圖書館三樓